WORD SEARCH PUZZLES

TO LEARN	· SPANISH ·	VOCABULARY

This book belongs to...

....

Starting Date

....

Finish Date

....

ANIMALES / ANIMALS ← TITLE

01. BALLENA
02. BURRO
03. CABRA
04. CANGURO
05. ELEFANTE
06. ERIZO
07. FOCA
08. GATO
09. HIPOPOTAMO
10. JIRAFA
11. LEON
12. LORO
13. MAPACHE
14. MONO
15. OCA
16. OSO
17. PAJARO
18. PERRO
19. POLLO
20. VACA

—— BEAR
—— BIRD
—— CAT
—— CHICKEN
—— COW
—— DOG
—— DONKEY
—— ELEPHANT
—— GIRAFFE
—— GOAT
—— GOOSE
—— HEDGEHOG
—— HIPPO
—— KANGAROO
—— LION
—— MONKEY
—— PARROT
—— RACCOON
—— SEAL
—— WHALE

```
Y D E L E F A N T E X D Z A S F F V A
M M T L O T X M U C S S R E S I Q M Y
V R Q E D L M K R Y W H C K A R E B J
D O Q W T Q P Y M X N R Z D G M A L S
C B I O C Y A Q G X H J R L O T U Y G
S P K I A Z X Z E S Y B M E M Z D Z G
U S Q D R Z Y H R K R W F U W V K G Z
D F N N C C T N O U D R O A M W N C V
E S O O G X Y B O J R T K Q S N V E D
G I R M S Y N O W G O T O H A L Y F X
L V A C A O Y Q A Y R I L I L Y A A Q
F M J G L R Y O C T R E A F C V R U E
Z Q A D O C C H N U U R Q A E E D O Y
O K P P J A I R A E B D W W S G L T Z
E L E G A P T G Y A K A Z P Y E X R D
U C L J P C X O C L K Q L A X Q G G B
S A K O Y J H H R A S O L L M F J I A
T N A H P E L E N R R H L A E D A Y V
D G N T U C F G E O A V G D H N I J X
B U O L U F A D Y R G P M D R Z A J M
V R G S A R B E W A I Y J U L K C S V
T O V R O E K H W C V Z Z N O N D D J
L L I O K N S I H C J B O E L E F V N
E G T K O Y E K N O D W F F F M K Q B
O N O M V B J M S O M H K O V W R T O
N Q C C H I C K E N P A O A O B Z Y L
X L P E R R O C C S O L T C A T N H M
I C D A F D K M A M H E A O Z M S W W
P N F M W B O E Z S J Q G F P H T M Q
X A Q N O B T G C A M L X I E O G M H
M I F J D Z O N P C Z T P S K Y P P B
D P N Y G Q K W V F N D O Z S X E I D
Z E G H U V H U R H Q P K U G D V V H
```

FIND THE **40** WORDS AND MATCH THE NUMBERS TO THE TRANSLATIONS

```
H I C I Z Z T J M U I E M G D J L G S
M U U T F J P P H L M A G A N N I A M
G J K A R E T N I R P B A Q G A C C A
S N E K V M A R K E R A P H A A N Z Z
O Z C N R G D U N W E L W E P G E Z H
R X E O M L P O Z O S E P U W O P Q X
Z O J B M U H B I D O T N A E J N A N
X F C L P S R L J R T A N R V O A U
S K O A E A A I J S A E Y O Y T P T Z
H Y L L R I C N R S W R L O S A B W Q
L A E C D G D K Y O B S C X P C Z T W
C T L U K E I E B B K E H Q R C S S M
T A R L Y O R L M O M A G B E P I I E
U A R A I W O X O N A L O N B U Q U G
O S R T D S B B T B M R C I L T B C S
O R O O A N E F E J B F D E I L A L K
Y X D R D T E L B X P E N M Z H N S J
T I A E O A F L C Z I M S E N J T Y N
F O L N N Z L U A Q Z P E T P B X C L
Y V U Q O A A U I C A J L M G V N G N
M N T L F D D T C J R L Q K S V O A A
H O O L E B Y O I L R N F X L N T G Y
J O R R L C X J R M A P Q K A E R P P
C H N Z E I O N U S X C C C P Z A K C
F O R E T U P M O C W G X R I V C J E
M E M P R E S A T N I T A F Z I H M G
H S E N M U V L K W L C P O N L H V J
Z C A Y K R E N E P R A H S P E D J C
W L P W C L I L U S W P N N A L S N E
J I B H L M I R B M F W F I B A Q W G
X C A R D B O A R D B J C Z E D E F Q
E I O C R Z U J N W M A O B A U K B H
R Z X O T X P C A L E N D A R I O M S
```

01. BOLIGRAFO
02. CALCULADORA
03. CALENDARIO
04. CARPETA
05. CARTA
06. CARTON
07. CUADERNO
08. DIARIO
09. EMPRESA
10. IMPRESORA
11. JEFE
12. LAPIZ
13. LIBRO
14. ORDENADOR
15. PIZARRA
16. ROTULADOR
17. SACAPUNTAS
18. SILLA
19. TELEFONO
20. TINTA

___ BLACKBOARD
___ BOOK
___ BOSS
___ CALCULATOR
___ CALENDAR
___ CARDBOARD
___ CHAIR
___ COMPANY
___ COMPUTER
___ FOLDER
___ INK
___ JOURNAL
___ LETTER
___ MARKER
___ NOTEBOOK
___ PEN
___ PENCIL
___ PRINTER
___ SHARPENER
___ TELEPHONE

FIND THE **40** WORDS AND MATCH THE NUMBERS TO THE TRANSLATIONS

MOBILIARIO / FURNITURE

01. ALFOMBRA
02. ARMARIO
03. CAMA
04. COJIN
05. CORTINA
06. CUADRO
07. ESCRITORIO
08. ESPEJO
09. HAMACA
10. JARRON
11. LAMPARA
12. LAVABO
13. LIBRERÍA
14. MECEDORA
15. MESA
16. PERCHERO
17. RELOJ
18. SILLON
19. TABURETE
20. VENTILADOR

____ BED
____ BOOKSHELF
____ CARPET
____ CLOCK
____ COUCH
____ CURTAIN
____ DESK
____ FAN
____ HAMMOCK
____ COAT RACK
____ LAMP
____ MIRROR
____ PICTURE
____ PILLOW
____ ROCKING CHAIR
____ SINK
____ STOOL
____ TABLE
____ VASE
____ WARDROBE

```
D A C V O J V Z V C C Z D F L I U R E
D E L G R K E N V Q J B I B X Q H B Q
E O B Q O T Y U Z U M N O E S P I Z A
F U C O A T R A C K L C J N P N O F H
L C K I R L A B F L M C H N W N K L V
T H D R U D D P U U O Y J L C N J B L
E Y E O N N R E J U S C F I H A V E Q
T B H T E P R A C R W X K B C B B F T
E R S I N U B H W E O P H R J X J J Q
S C O R T R O D A L I T N E V R U H H
P E R C H E R O L O R R L R G K D A R
E A I S K A M H O J A P X I N V Y I A
J P M E V I M W A T M C M A T A B C S
O J A R R O N M U M R F H X L R Q P W
X D S E T P N G O H A A O G K B H P M
H A A N I T R O C C K C R P C M H I U
I V R C Q C E U X H K L A M U O T F K
K Y M A I B R L B K A C S E W F Y D T
K L A M P T P L O V N I R C L L U Q X
F Q W V A M P T A O N V R E Y A C M A
J S K I K R A B L K T A H D K I M G J
N R N A T B O L B O P S J O T G S M Q
J X O H U R I Z G R K E F R I L B U Q
P D D R D S U F B O E V G A L A K Q Q
V U E A R E W W O L L I P H F M K G Q
D T U A Q I S B F H B N X O Q V T I A
E C O J I N M K X G A M A C B W C E I
B V T T S T T F D S T A Y F N D Z X Y
J L G X S U R E E R W L O Y W Y M P W
Q F T Q J I Q M Z C I Q T F T J E G Q
B B S D Q M V L Z P Y P R J D P J I G
D N V D N O R H X D F W X D X P Z A J
O G L I Q A R T N F K F S U Y G C S H
```

FIND THE **40** WORDS AND MATCH THE NUMBERS TO THE TRANSLATIONS

```
K Y R D E C A W V V I F S M O J F X Z
M O R A F M H V K R T O G E V Q A N L
E P D R N N X E A E A T M L K J Q N A
M Q H L E D S T R P C Z F O D P E O N
I G K B L B P M Y R L B M C N O M M P
L H Q K R P K M A M I L E O E X E N C
U E D E K X A C H C A E P T V T F K Z
A A M E J N A R A N J A S O A I O U B
C I R O Z Q L W R L M P M N I H P W R
A A D A N A R G N E B S A O W I X V C
V F N N K W K T O Y A R X M G A W V G
U A D T A A N I L Z G C W I V A P G V
K S G Q S S P B E E G A F L U R R L O
T A D Y A C B R M F R Y F Y S A P X X
P W B O N O E O R S W U B S P S M R E
O N K F A C P A E S N C V E O P X P F
V S I A W O M P T M T A F A M B N U M
E Q L V P B A L A X F R W K E E X S J
V T M E U R E S W F U A A B L R G H S
O X A E G L I M E I D M T W O R A J B
D U S C I B H C T R O T C M B Y L X F
A A D P A S S I O N F R U I T E O F N
C O C O N U T A A T B N H D R Y R F K
O B C A R Y G T N A P P L E P M A R H
V P T M N Q A A N O Q M P Z Z G N M Y
A V K D E L E A G D N P N L Z G I S
C W Y C P D N A N I L I O I D C E N T
V E L P P A E N I P Ñ L H A G Q B T H
V D E U Q O C I R A B L A L I N V D T
O Y E W Q A W H U E K I S P K L Y C Z
P K A X Y X Y G E E O E Y M P A A V D
D T C J Q L F D T S N F V L Y W S H T
C C G K C N R R B S K I E K Q G X B W
```

01. AGUACATE
02. ALBARICOQUE
03. CEREZAS
04. COCO
05. FRAMBUESA
06. FRESA
07. GRANADA
08. HIGO
09. LIMA
10. LIMON
11. MANZANA
12. MARACUYA
13. MELOCOTON
14. MORA
15. NARANJA
16. PIÑA
17. PLATANO
18. POMELO
19. SANDIA
20. UVA

—— APPLE
—— APRICOT
—— AVOCADO
—— BANANA
—— BLACKBERRY
—— CHERRIES
—— COCONUT
—— FIG
—— GRAPE
—— GRAPEFRUIT
—— LEMON
—— LIME
—— ORANGE
—— PASSION FRUIT
—— PEACH
—— PINEAPPLE
—— POMEGRANATE
—— RASPBERRY
—— STRAWBERRY
—— WATER MELON

FIND THE **40** WORDS AND MATCH THE NUMBERS TO THE TRANSLATIONS

01. AMARILLO
02. ANARANJADO
03. AZUL
04. AZUL CELESTE
05. AZUL MARINO
06. BLANCO
07. CARMESI
08. DORADO
09. GRANATE
10. GRIS
11. MARRON
12. NEGRO
13. OCRE
14. PLATEADO
15. PURPURA
16. ROJO
17. ROSA
18. TURQUESA
19. VERDE
20. VIOLETA

___ BLACK
___ BLUE
___ BROWN
___ CRIMSON
___ GARNET
___ GOLDEN
___ GREEN
___ GREY
___ LIGHT BLUE
___ NAVY BLUE
___ OCHER
___ ORANGE
___ PINK
___ PURPLE
___ RED
___ SILVER
___ TURQUOISE
___ VIOLET
___ WHITE
___ YELLOW

```
U Q X E U N P X O Z W U Z S K S L T Q
Q V X V Z W G A S J D V F I D P Q N H
B N L P I W N O R R A M P I M A D Q O
L H U T D W B K Y V Z K G G N N G Y R
A K I A O S J M C P U K U D F F I T E
N P S N S C O Y T K L D K R Z O P L Y
C E Z I A E A A D Q C Q O L M W H S U
O I D M C V U R A K E A H J S E A H F
W W O L L E Y Q M G L R L F B L K T Q
P E R C O E C B R E E I U B D W D Z I
C N E E R G X A L U S V F K Q B R G T
F X N N R G N C E U T I C X O I B Z H
F L A I E A W A G C E O E T B K K K B
S J S J T G O A N R V L U M A H O J J
S X K E V G R E Y A F E L D K U U U D
V O H R V N B O Q N G T B S I F Y P W
E W I A E Y O Q W N A W T S D E I V K
K G Q T R D T S A D R X H E E L C C P
B E C C D K G R M E U V G S L L U R T
M I V P E X O U T I P U I V P T Z Y T
D D M D L A O C H E R O L X R D X P B
I Y A E R Z D J C W U C R E U X H R M
M Q U F U U T O M Q P O T J P H Y L C
U O V S I L V E R U S I G Z R H O O N
N Z P K O I B U P A H L X U O R M R Y
N P N W I O T L O W D O A Y I A N V D
V I O L E T A L J X A O U E I H C P E
P X L O P T L D O D D B W W L W T Z N
H G H B E I Z K R G N X D G H E H V T
P A N A R A N J A D O Q Q I N R Z B T
N J D A I F C T L O N Z M Q V R T M H
X O M H E F W R Z U W A Z F E K R I M
F A O T O N I R A M L U Z A B A T A P
```

FIND THE **40** WORDS AND MATCH THE NUMBERS TO THE TRANSLATIONS

```
W T N A L P G G E O R I G X Z M B S J
J W K B F I R K L M K J V R R P I H T
N A L O R O R H A H C A L O M E R K E
J H C C U O H Z Y J U T L D X N E A B
I K A K A Q C C I T G S U R G P P X O
A Y I J E R Y C A Z H U N T L C I K H
B T R N O E R I O C A Z I O I H M R A
M B A P O P L O A L L U C S L S I K C
T T R T N P C N T O I A A U A U E M A
E F S N A E I E T G W L B I Q N N U N
Y E F M B P J A F D U W A J Z Y T P I
S F C U S E M A K C D C L K A P O E P
D X P U K O T V U K Q E A R N U E P S
W E C P T W R W G F H B C V A S S I E
E V I H C T I M G C Z O N K H A U N E
Y K T V G L E P K U V L M B O B W O Z
U P O T A T O L C C E L J F R A S N Y
B T M H C L E C H U G A A O I H P I G
W E U I C Y H P P X A P A A A A O H Q R
D P A R O I E U V I B D J Y D A U U P
A I X N N A T N Q R B E G K C W O V S
A P I I S I I R O E A Z S C J M J T I
A O R R E U P C A N C E D V Y M H Z K
N N L B J N O N D R F O Q H L D Q T E
A D H V A L S P I Y N O E D Q F N L T
X H K B I H R T P I H S X L N R S Q G
Y Z L E L F E D L N A X Z V V E F E M
K T S E V Y T L W I U U F I I I D R H
F E E T A M O T D Q A K Y W R D K G Q
F R S N A B O U F B Q X E K Q K O J S
W B E R E N J E N A E R V S O R W A I
V X V C U C U M B E R H K T B P W G M
W S Y Z B T A K R T G B F D H Z H C D
```

01. ALCACHOFA
02. BERENJENA
03. BROCOLI
04. CALABACIN
05. CEBOLLA
06. CEBOLLINO
07. COL
08. ESPINACA
09. GUISANTES
10. HABAS
11. JUDIAS
12. LECHUGA
13. NABO
14. PATATA
15. PEPINO
16. PIMIENTO
17. PUERRO
18. REMOLACHA
19. TOMATE
20. ZANAHORIA

___ ARTICHOKE
___ EGGPLANT
___ BEANS
___ BEET
___ BROAD BEANS
___ BROCCOLI
___ CABBAGE
___ CARROT
___ CHIVE
___ CUCUMBER
___ LEEK
___ LETTUCE
___ ONION
___ PEAS
___ PEPPER
___ POTATO
___ SPINACH
___ TOMATO
___ TURNIP
___ ZUCCHINI

FIND THE 40 WORDS AND MATCH THE NUMBERS TO THE TRANSLATIONS

EL CUERPO / THE BODY

01. BRAZO
02. CABEZA
03. CADERA
04. CEJAS
05. DEDOS
06. ESTOMAGO
07. HIGADO
08. HOMBRO
09. HUESOS
10. MANO
11. NARIZ
12. OJOS
13. OREJAS
14. PELO
15. PIE
16. PIEL
17. PIERNAS
18. PULMONES
19. RODILLA
20. SANGRE

___ ARM
___ BLOOD
___ BONES
___ EARS
___ EYEBROWS
___ EYES
___ FINGERS
___ FOOT
___ HAIR
___ HAND
___ HEAD
___ KNEE
___ LEGS
___ LIVER
___ LUNGS
___ NOSE
___ SHOULDER
___ SKIN
___ STOMACH
___ WAIST

```
W I N M B S Z T E D C L R T H A D I Y
M R A O U Z A F S P Z O Q I Q I X U V
S A K R G E I N U I Z E I E W U R K N
Y O T S W A W R G E A T V D Z S I X D
G B Z Y G R M C A R J W W V J S N I Q
F W F Y R E A O Y N E E V K H Y X K G
O Y B P R D L S T A A N N E A E W C Y
I I C X Z A I D V S H E R K X H P G N
C B L S D C Q K O I E O S M N M Y X O
M M R A W E F D G Y R N C I I N H D V
C A U A A M E A E K D E A S V V W I X
L S N R Z D D B D Y V T B R H U L I F
Z J S O J O R B M O H I E E S W C N H
E R D S T O M A C H U D Z G N S W D D
R S O A W R S G N U L X A N K M V D X
Q C Z S E N O M L U P S K I N B V B P
U T L P C H L D O L R K X F P H I B N
F O K I E N V H I W U N N M E R G R O
W O R E J A S V B L O O D K E S X W W
E F L L A O E X N L L T S O B U O M B
F Y O K S R V U E X H A N D G W W I R
U Z E E E D H P B L X L V V O R Y Q W
D X U S N N V O T V A K Z D B J S F J
O H C O O T V V T I N A Z C F J Z N E
B A E N B S J A X H G I G H O Y B Z F
X I S G Q V J Q G J Y S X D C S B F E
P R T M E H R R U N U J S Z N Z Y T E
S K Z F Q V N J E L R H I W O X E G N
K H P N T R B L C B S S F B U S I W E
R M P X J O X E Q S Y G N I D N M O G
D G I N S Z O C F V J H J I V O P B K
T O E H P F F Q I F L R N S W T U R E
Y L Z N Y D F F F D J G N I R F N Y D
```

FIND THE **40** WORDS AND MATCH THE NUMBERS TO THE TRANSLATIONS

```
D O C E R A M I C A T O D A B A R G V
V O O Y L N D A D I C I L B U P S X T
E N G R A V I N G R U N V B M J S Z N
A I A E R Q E X C E O D G E G D Z A W
N Z G T C C Z G S R I F C R A Y I J M
I O E T H M C B J B N X O P R V I A K
M O N O I E P P U E R Y X E D B G D N
A T C P T X M J B F N M D L S K P Y O
C N A T E P O Z L R M I W M K J G J I
I A J T C F H Y V O O I C B K F Q Y T
O C E R T A L L A R X T Y R G O Y P A
N P I N U I S D B H L C O D Z T U C R
Y O E N R P N M F Q J W F V A O N J T
G H I U E A E G S B R F A X G G A U S
M L P T F M B Z L E G X G K N R O C U
J Q X A A O A G V I P N V U I A Y A L
S O I C R M A L C A T W I T W F O W L
X Z Y D A G I U I A Y E D V A I O J I
J T A E C S O N E J Q Z R M R A C V P
P D Q D R K T T A R R P B A D A J A V
O P O E S I A W O A U Y N V T A C T A
E I E F N M A Z U H M T E M Y U Y Y N
T K L G A R U T N I P R P R F O R I H
R X V U P C Z E J T K L L X L K E G
Y E E X S A L S U I T E W I U P E N Y
Y C G N I T C A S X W D E T P C I P Y
B G U N L U R I H E R R M X D G S T T
B N D A L H N A J I A I E O N S B U T
H W D T S G O U C P I B V I M F X F C
S E U P Q V X E C I X A S N D G R R D
U R Y J Z B R Y D L O C F S K M Y I Z
A R U T A R E T I L R N F G C U N Q G
D O P J A R Q U I T E C T U R A T Y G
```

01. ACTUAR
02. ANIMACION
03. ARQUITECTURA
04. BORDADO
05. CANTO
06. CERAMICA
07. CINE
08. DIBUJO
09. ENCAJE
10. ESCULTURA
11. FOTOGRAFIA
12. GRABADO
13. ILUSTRACION
14. JOYERIA
15. LITERATURA
16. ORFEBRERIA
17. PINTURA
18. POESIA
19. PUBLICIDAD
20. TALLAR

—— ACTING
—— ADVERTISING
—— ANIMATION
—— ARCHITECTURE
—— CARVING
—— CINEMA
—— DRAWING
—— EMBROIDERY
—— ENGRAVING
—— ILLUSTRATION
—— JEWELRY
—— LITERATURE
—— PAINTING
—— PHOTOGRAPHY
—— POETRY
—— POTTERY
—— SCULPTURE
—— SILVERWORK
—— SINGING
—— TATTING

FIND THE **40** WORDS AND MATCH THE NUMBERS TO THE TRANSLATIONS

01. ASTEROIDE
02. ASTRONAUTA
03. ATMOSFERA
04. CIELO
05. COHETE
06. COSMOLOGIA
07. ECLIPSAR
08. ESPACIO
09. ESTELAR
10. ESTRELLA
11. GALAXIA
12. GRAVEDAD
13. LUNA
14. MARTE
15. ORBITA
16. PLANETAS
17. PLUTON
18. RADIACION
19. SATELITE
20. TELESCOPIO

___ ASTEROID
___ ASTRONAUT
___ ATMOSPHERE
___ SKY
___ ROCKET
___ COSMOLOGY
___ ECLIPSE
___ SPACE
___ STELLAR
___ STAR
___ GALAXY
___ GRAVITY
___ MOON
___ MARS
___ ORBIT
___ PLANETS
___ PLUTO
___ RADIATION
___ SATELLITE
___ TELESCOPE

```
L C N C A I G O L O M S O C Z S J I I
M C F B J C B E Y S Q D M Y V X V C S
F K O K N J K S Z P L U T O Y V T H Y
L D Z S D G S P F A P I K B A R D M W
T R G C M A X A B C I I Y G W E H N J
L A G R U O T C G E G Q V D T M U Z D
C L R A N U L I P I Q T T M U A H D C
T L M E L M S O B S K T S W Y R O B A
T E E P F A C Z G R N N H U B Z S G J
Q T Q R I S X B B Y O Z V M M O O H F
J S T I E A O I V S B C W C A M J X N
T C N L M H S M A M L O B I W Z E E L
A B E R U X P T T O L I F P T T T K Q
L T G R K S E S R A A Q N A L N B M V
L P K A M L T L O O A V O R Y U I I Y
E L U D L F S E J M N S R W Z A T H O
R A D I A C I O N D T A B I Q R S O T
T N T A N Y R P I A R A U S O M I Z N
S E S T E K C O R G L A F T M L R D R
E T W I A S R F R M A P T A A O I A R
S A S O T E A A G U K F I S R I N D J
P S W N T J V M Q Q T H T O T I I W R
I R A S P I L C E G G R Y I E W P H M
L E A M T G C T A K O R S P R E N T J
C H W Y T I I L D N C V R O M A K S Y
E E S T E L A R A K M A C C K O M Y U
N X I L E X Y U V O I N M S W Z O S O
Q C O T Y M T G T L E X R E Y E B N A
T D A D E V A R G T O A N L Q P U U N
A S T E R O I D E S M Y J E G J Y F S
D D D D Z S O H W X D M I T W T M Z U
S E K F Z R O R B I T H S N W J J U P
O K O Q R C U W U S E J E D Y J E F I
```

FIND THE **40** WORDS AND MATCH THE NUMBERS TO THE TRANSLATIONS

```
U S K G R B E E I T L F S C O W H C N
V R A T U R F S I D B O P W F Z E K L
P F R N T F V R K X C V O I J K J P Y
E L P A D P O I T O O Q R C S F J H Q
O O B A J J H T R T A C T E D U K A M
T S U G U A R M S G A E C D M Y V F
L S B C R R I E S O J R R R D K V E P
W E A J G S B V I G U E A E E O R F V
X C V N T H Q I G A M U O A Z I D U O
D D G A D T S D Y M G G Z M F O Y N H
U E N P R A R H U E F O T P M K L U G
D V P E D T L S F T G H M R W I K F L
L S P O L F P I L F T A S M S R L U U
S O M B R I L L A F C I U E E Q U O N
O E D A A T K O G S E D N P Y R E X Y
M D W D S F E H O P C J T G K O P O F
U I A E N I R L V P O Z A W V W U I M
B M R E A H R B T Y G D N L Y D E I W
B W B W C O E B T J X N N A T L Q T W
J M W R S N Q L A X X N I J K X C C G
R D Y L E M O N A D E X N M H X U Y T
F I P X D L I R G D X J G U M J P C I
S S O J M C L M B K O W I J M I O N X
B S N U S Z J A H C D L D F M Q W X L
F E G I X Q V B R A I H L I I F T S D
K M P A R E N A S M S R P Q A V I K T
S U D O R D X W O P R S A M H L L M U
M V C A L I E N T E C F A N O Z I W X
E U N S T A A X C Q B L X I D S T P V
Z O R V T D X K D I B G F P X O Q O J
A S P R A P M A C A X C S J T O B V H
H K H Q Y W V Z M L M Y V Q H T G K H
O U O F A Q T H U L K I P E F L J F Q
```

01. ACAMPAR
02. AGOSTO
03. ARENA
04. BRONCEADO
05. CALIENTE
06. DEPORTE
07. DESCANSAR
08. DISFRUTAR
09. DIVERTIRSE
10. HELADO
11. HOGUERA
12. LIMONADA
13. PISCINA
14. SANDALIAS
15. SOCORRISTA
16. SOL
17. SOMBRILLA
18. SUDOR
19. VERANO
20. VIAJAR

___ AUGUST
___ CAMP
___ CAMPFIRE
___ ENJOY
___ FLIP FLOPS
___ HAVE FUN
___ HOT
___ ICE CREAM
___ LEMONADE
___ LIFE GUARD
___ REST
___ SAND
___ SPORT
___ SUMMER
___ SUN
___ SUN TANNING
___ SWEAT
___ SWIMMING POOL
___ TRAVEL
___ UMBRELLA

FIND THE **40** WORDS AND MATCH THE NUMBERS TO THE TRANSLATIONS

ADJETIVOS / ADJECTIVES

01. ASPERO
02. BLANDO
03. CARO
04. DELGADO
05. DIFICIL
06. GORDO
07. GRANDE
08. INTELIGENTE
09. JOVEN
10. LISTO
11. MOJADO
12. OSCURO
13. PEQUEÑO
14. PRONTO
15. RICO
16. SENCILLO
17. TARDE
18. UTIL
19. VACIO
20. VIEJO

____ BIG
____ CLEVER
____ DARK
____ DIFFICULT
____ EMPTY
____ EXPENSIVE
____ FAT
____ INTELLIGENT
____ LATE
____ OLD
____ RICH
____ ROUGH
____ SIMPLE
____ SKINNY
____ SMALL
____ SOFT
____ SOON
____ USEFUL
____ WET
____ YOUNG

```
J G Z Q E M C V J I C C J M Z Z T Y U
A U E R R W A L I B Y P N D L N A L B
C O E D E G B T I D U H K R E N F I N
J D D Z C V Y X N T F O L G E Q L J G
M F R A D Q E D I L D P I Y Y S O L X
S A A Y G M X L V J C L C B R I Q A E
D O T Z H L P T C L L U I D M I K H H
B D O G W T E W H E J E F J S U S W Z
J R U N Y K N D T T O D I E V H L G A
L O G O L V S N A Q P I D U E Q R J K
R G S E N C I L L O F M X J G O C U R
Y G D C C D V E I D J P J S P C T S A
T U I X U A E L J G G U L C C V M P G
V S R E C R M R L O I L E R B M G A A
Q M M I I K O D N A L B J Q T H B D S
K R O C H T H H L E M P T Y N D K A H
F F H T R U U H B W C S L C V M K W S
Z I Y P S B T X Q S U U K I K A G G V
V Z F H E I I S G Y O Y Z O J C L D J
U Y Q M I N L R U Y H Z X G J Z X B U
H H B D W M T J U O G R M P Y G I W B
M U Y K O V O B M U L K Q R Y U X V C
P J A M J V O X O N J D E O N I W D C
P C H M E D N A R G B T E N N B N B Z
Y E N N A Z I Y T C A R O T I A V T C
N J Y J U S E F U L A G E O K U I D T
Z D O C I R O T F H O L R C S S F R T
B M C M L S N J Z I I G V M K N B V A
A S P E R O T A T G C C S K M U J T Z
Q L Y I M C O A E A U U R I Q F C O W
E W R A Q V M N F B Q C L Y G A R K P
J V W L I E T J D A E Z D T F F U N L
O Ñ E U Q E P Z E W W Q J N P S H H U
```

FIND THE **40** WORDS AND MATCH THE NUMBERS TO THE TRANSLATIONS

```
M Y P A T S K L O R V D E Q S Z W T G
O B D I F Y E A K I V M J D N B H C U
C E A R R S Z W Z P V R H R Q N I O F
L U Z R B T W G E T E R O L P X E V U
N O T T C R I R R N A B S E V T R R F
B S S S J O W A Y A L P T B L H Y A G
Z U I E Z P N Z D V Q V A R A N K N W
F C R U I S E I X K I L L A B P R C Z
X F U G L S P R D C B A R K J A S W J
D E O A G A F R K O J L J J O I U W A
M X T E F P D E A N R A G E P S E D V
X O B H K T R T D D S U E P Z A V R N
R B I A U A W A S U P J T Q U J S I X
S O V F K E T Y I C B Z S K I E E V C
A U T O P I S T A I E Q U I P A J E C
F E X C P P C P R R M O Q N N P A O V
U F X V U A E N E A I E D Y A A E V V
E P A C S D N A L D G M G Q Z S D F E
F R F E H C A E B A G M W U H A I S B
F R A M Z A T R G Q G V B U K P U E X
B I E R C A N G T A V A F M N O G V A
Z Q Z X O Z U G R D P T L U H R J U P
X E X Q T L F K E Y C G K G B T P H R
J N E S J R P N U G B J N T F E I A N
F Q D H E J A X I Q D I G N T G E H V
M L B V T T N N E O G U I A H D Z I I
B A A T S N A L J D O V C W Z P G X M
O U S I B S R D O E V R A R P C H P X
F O R E I G N L S G R Y E P E P U P K
Z U D V R A A P W N F O I C H F M Y G
T W I B L F D I I S W Y I G U W F S E
W D N K T Y F H D U L Q A I V R K T U
R Q J H I G M A X G D Q O B H U C B G
```

01. ATERRIZAR
02. AUTOPISTA
03. BARCO
04. CONDUCIR
05. CRUCERO
06. DESPEGAR
07. DIVISA
08. EQUIPAJE
09. EXPLORAR
10. EXTRANJERO
11. GUIA
12. HOSTAL
13. HUESPED
14. MALETA
15. PAISAJE
16. PASAPORTE
17. PLAYA
18. TRADUCTOR
19. TURISTA
20. VIAJE

___ BEACH
___ BOAT
___ CRUISE
___ DRIVE
___ EXCHANGE
___ EXPLORE
___ FOREIGN
___ GUEST
___ GUIDE
___ HIGHWAY
___ LAND
___ LANDSCAPE
___ LODGING HOUSE
___ LUGGAGE
___ PASSPORT
___ SUITCASE
___ TAKE OFF
___ TOURIST
___ TRANSLATOR
___ TRIP

FIND THE **40** WORDS AND MATCH THE NUMBERS TO THE TRANSLATIONS

01. ALEMANIA
02. BELGICA
03. DINAMARCA
04. ESCOCIA
05. ESPAÑA
06. ESTADOS UNIDOS
07. FRANCIA
08. GRECIA
09. HOLANDA
10. INGLATERRA
11. IRLANDA
12. ITALIA
13. JAPON
14. MARRUECOS
15. NORUEGA
16. POLONIA
17. RUMANIA
18. SUDAFRICA
19. SUECIA
20. SUIZA

____ BELGIUM
____ DENMARK
____ ENGLAND
____ FRANCE
____ GERMANY
____ GREECE
____ HOLLAND
____ IRELAND
____ ITALY
____ JAPAN
____ MOROCCO
____ NORWAY
____ POLAND
____ ROMANIA
____ SCOTLAND
____ SOUTH AFRICA
____ SPAIN
____ SWEDEN
____ SWITZERLAND
____ UNITED STATES

```
S S N W J R I D N G K E N M E W C J T
C C E C D B N Y B D Q C D K S C V Z E
Y M O T N K Z C X E P H T S P S W Y X
U S A T A S O D I N U S O D A T S E F
N J A R L T P T C Z L A A A Ñ A V N H
B W X G R A S A W T T O R D A Z Y G I
H E D B E U N D I Z A U I H K W J L N
E T L Y Z U E D E N R I V U J U G A O
B G H G T V R C M T Q B Z U V F N N X
D Q N K I J U O O J I I H V Q O E D Q
Y R W D W C R I N S T N F E T M I Z G
W D J P S O A X X S Y G U E M Z B E S
F R A N C E T F A A Z L W A B G T H C
E A K C S M G D A I E A V E U R C O S
U D O P Q Y N I S Z X T Z V Z E P U H
J H O L L A N D Q H O E X B R E E D S
U S D A L A I N A M U R G W A C E A M
H H T O M R G A U Z I R Y P I E X I C
Y I H O E R N I C N I A G A L H S C H
Z N R L E S G O P A Z I U S A I D O A
Z T A C S L Z H P P Z N E O T R Z C N
Y N I M E K M D N A L O P X I L R S H
D A I B R I V F T J J L I V S A J E W
I S W E D E N F H T T O E O M N Q Q P
J W D R S J G H E I B P U A J D S G F
P D V E O Q Z F G P E T N A R A D Q N
N H H Z N N A J Y T H I N P R J S G E
C I K O C M X F N A D D E O V H R B E
G Z E I Y I A S F E Y R T W N T I D I
F Z F R C W S R T J V K G X P B D R L
A L E M A N I A K S X M Q Q Z U J L G
O N O A I C N A R F T X S L S F F C W
S S U D A F R I C A I R R F J G M S C
```

FIND THE **40** WORDS AND MATCH THE NUMBERS TO THE TRANSLATIONS

```
M I R K S H E R C Q L S Z E T C N O F
J N E C E F P S R R K M M Q V K P P G
L B T E A C H E R J H O E V X F M Q M
E A N G R Y B U D U B D Y T E Q J X C
Z U I C A T L R L I N I V E R N V U
P P A W Y R S K X O A S O J V A L P U
I E P A A P D A V H U T I Y P G A V W
L H D K X F P E S L F A R V D H F P J
M U S I C I A N N N V E A I Y V R J O
X U U Q A P O E A E S N T G C H O E J
X F R O R T V I C N R F E I T I D S B
S B G I N C R O R E A E R L Z P A J X
K P E W S A N A T A C R C A A X C N W
W S O K R O J I I O C M E N G A S E S
T X N B M Z A U N B H E S T F G E L W
O T I I O W N O R F T R T E H U P B H
G L S F A D M Z P I K O N O H J F U Q
K T S I C I S Y H P C C C A I K G R V
E X A U S R J X K W Q O U I O L L O P
X M F T O O P S H M M Y O U E T B C V
S B A T G L B W G J F V R K Q K E I B
V J C E B I T O Y E W V D X Q Q Q D B
F O C J S A D R E S S M A K E R R E I
D E T T P T A L O N U T O V P P Q M Q
M C G E Z T R C L S A B P N T K W Z M
P U A O E Y I O I C Y M G G G Q N S Z P
O R E R A M A C O G U A R D X O W F K
Y A C D I W O C I S I F V E L H K O N
M E V U Y C I V D N E B T L H Q R G M
S R Q P I N T O R J H U R M A S B P C
T S I M E H C F G Q G V Z Z E F I D T
F L O R E N I D R A J U A M G Q A F B
D N O Z D E B W P U W V I M W S G P W
```

01. BIBLIOTECARIO
02. CAMARERO
03. CIRUJANO
04. COCINERO
05. CURA
06. ECONOMISTA
07. ENFERMERO
08. FISICO
09. JARDINERO
10. MAESTRO
11. MEDICO
12. MODISTA
13. MUSICO
14. PEDIATRA
15. PESCADOR
16. PINTOR
17. QUIMICO
18. SASTRE
19. SECRETARIO
20. VIGILANTE

—— CHEMIST
—— COOK
—— DOCTOR
—— DRESSMAKER
—— ECONOMIST
—— FISHERMAN
—— GARDENER
—— GUARD
—— LIBRARIAN
—— MUSICIAN
—— NURSE
—— PAINTER
—— PEDIATRICIAN
—— PHYSICIST
—— PRIEST
—— SECRETARY
—— SURGEON
—— TAILOR
—— TEACHER
—— WAITER

FIND THE 40 WORDS AND MATCH THE NUMBERS TO THE TRANSLATIONS

01. ABUELA
02. ARQUERO
03. ARTISTA
04. BAILARINA
05. BOMBERO
06. CANTANTE
07. CARNICERO
08. CARPINTERO
09. COMICO
10. DENTISTA
11. FONTANERO
12. INGENIERO
13. MARINERO
14. PANADERO
15. PIRATA
16. POLICIA
17. PRINCIPE
18. REY
19. SOLDADO
20. TAXISTA

___ ARCHER
___ ARTIST
___ BAKER
___ BUTCHER
___ COMEDIAN
___ DANCER
___ DENTIST
___ ENGINEER
___ FIREMAN
___ GRANDMOTHER
___ KING
___ PIRATE
___ PLUMBER
___ POLICEMAN
___ PRINCE
___ SAILOR
___ SINGER
___ SOLDIER
___ TAXI DRIVER
___ WOODWORKER

```
I V F W Q C K X D I F H O E C J B C A
F F I A X G A L E U B A E D U U P O Z
D S V C D M L J N Z C D U N A B G M A
A L J A R T I S T A R H Y O W D N I B
S C O P O L I C I A H G P D O K L C H
E T A R I P M T S E T L E M K T I O C
S Y E B E Z L I T M N Z D P M O T C S
B Y J C G D H U A R V W R G V B K I E
D L C K O N A R M A L O E Y R B E F N
A C I D Q M I N K B L J K G E P I Y H
N O B I M N E K A I E U A Q G R S N H
I A G O E C C D A P U R B R E I L J A
R T M R K A T S I X A T Y M T N Q Q N
A A O E A R S C R A Z R A E Q C O P P
L R T T C N N Z Q R N N R N O E J L O
I I R N X I D P M B B C O J H X F X B
A P N I R C L M G T U Y Z A J K A T J
B W F P J E M O O R T I C B P W M I T
H A D R E R S P P T C X V X T T M W B
G E X A E O Z P X I H R S M G M R P O
I C M C I E T H N Z E E N B V V F O X
S A R T I S T G L Q R I R U C R R S L
R I P D I R E K R O W D O O W E P F H
F O N T A N E R O D R L Y L K W E X U
U V N G I H E I G E D O E J L H H T G
Y E R E E H M D V O A S M Y J V M H D
D M R L C R V I A R R L H C G Q W M E
G O J R L U R K Q N J E B V P O H F E
C R A U M D G U P H C F B A O C H E R
O E N G I N E E R U U E S M B C N H W
D W N X T R F D X K J A R Z O U G F T
T J A A O P S Y A K S U R M D B K M Y
E T N A T N A C Y I I P S C F K H L M
```

FIND THE **40** WORDS AND MATCH THE NUMBERS TO THE TRANSLATIONS

```
H F O V L Q B V P H L W G Y K S C S C
U J S P G T T F X X T T T C R M I L V
X H K Z Y X D E G M E B M E J M W Y M
U C U Q B F E S O P B Y S A X U E U O
K N I R D S I T Y U H E Z F G E U J K
C U E N T A D I P A R A D I M O C R B
A L Y M R A D N F V E D O O F T S A F
O M D B D N I C A E Z A A U P J D T K
W Q R I W I N T C J I T Y Q A C U S J
H U B V U P I V Q H T R I P H L Q U D
V E J Z N O N A F Q E A O J I P V G O
B V S I N R G J D O P C D C H Z O E E
K L S I L P R I Y Z P K K O Y T Q D J
Y T E C D N O L Y C A N A M N V H X D
D R C S U W O L Y X E E R E A C F L R
G U E J V L M A Q C F T M D O C O N V
U N D K K T L N A P K I N O P I Y O H
M V I Q C M X I O B D P W R T J N S L
X E V N U O M K O N B B S P G P H K X
C O R E O Q R V O N O L U J F G N R R
A U R D X S I C D H J B U K D M A K X
O Z C F U T A E S Y V R S H Q B F Y J
O T P H I S S E R V I L L E T A O O M
Z Y A R A S S T S T O Q I P H X T I Z
A R E S E R V A A K S J F S M X S G U
U P Q R T Y A K L B B O K G C T R J G
A U T D Q E P U E G L T P T U I H O F
A B Z E F S P L K G H E E D V L G T N
D A Z M P F Z D I S H F C K G Q Q U B
J A V O H N F Y T C E Z U L H B F T G
B C O E X L E T N A M C A O J X X J
X N K Y N K W I S M K F E V I T W E U
A F O T A L P T L I J E E C O G H C Y
```

01. ALMUERZO
02. APERITIVO
03. BEBIDA
04. CARTA
05. COMEDOR
06. COMIDA RAPIDA
07. CONDIMENTO
08. COPA
09. CUCHARA
10. CUENTA
11. DEGUSTAR
12. FESTIN
13. MANTEL
14. PINCHE
15. PLATO
16. POSTRE
17. PROPINA
18. RESERVA
19. SERVILLETA
20. VAJILLA

___ APPETIZER
___ CHECK
___ CROCKERY
___ DESSERT
___ DINING ROOM
___ DISH
___ DRINK
___ FAST FOOD
___ FEAST
___ GLASS
___ LUNCH
___ MENU
___ NAPKIN
___ RESERVATION
___ SCULLION
___ SEASONING
___ SPOON
___ TABLECLOTH
___ TASTE
___ TIP

FIND THE **40** WORDS AND MATCH THE NUMBERS TO THE TRANSLATIONS

01. ACEITUNA
02. BUENO
03. CARRUSEL
04. CIRUELA
05. CUARENTENA
06. CUBRIR
07. CUCHILLO
08. CULMINAR
09. DURADERO
10. DUREZA
11. HUEVO
12. NUDO
13. NUMERO
14. RUSO
15. SUCIO
16. SUMAR
17. TITULAR
18. TUBO
19. ULTIMO
20. VUELO

___ ADD
___ CAROUSEL
___ COVER
___ CULMINATE
___ DIRTY
___ EGG
___ FLIGHT
___ GOOD
___ HARDNESS
___ HEADLINE
___ KNIFE
___ KNOT
___ LAST
___ LONG LASTING
___ NUMBER
___ OLIVE
___ PLUM
___ QUARANTINE
___ RUSSIAN
___ TUBE

```
U B C D O T E G X D L W J L L M A D J
F E A W E L U E P N W R B I L Z J P T
A V R G L B I V J M L Q B Y P E W C M
T M R J G P U V P I J T H W P Q A Y C
T C U A R E N T E N A Z D N R Y I Q W
N N S U L Z R G W D P N A K D K V B A
O H E O H U E V O Z Z P L N M E W H D
O E L R S W T W J R Q A W G H K O Z B
U M A S E F Z Y H T U S H K I H V L S
W U I F M I I U U G A Q R Q J X C O E
M A I T R X C P M T D J F P F Q D M V
N N O L L I H C U C M W W P D N E X E
K U R H O U R T I T U L A R H A L V I
U T P A P N K B I F F T Q U D O I L U
H I C L N W G G U D Y P E Y V T E M H
Q E T A N I M L U C X O R F K V Z N B
N C A S R H M R A J I K E M K C Y B F
C A D T X O A L I S M E B X R I A H K
I Y T R I D U X U B T N M D U B P A B
S X H J E C R S D C C I U O P B X R U
V B K R E X V F E Y A L N O K Y O D E
V M O D U N P A L L X D P G N W L N N
D R B L O N Z S E I T A U B G K I E O
V K U O R E M U N M G E T P J T F S Z
E M T S R T R C L H F H L Y N K E S X
H G U U O I O I X H Z U T A C R K H C
A D D N C V T O S U M A R S W W A W O
I T K G E Q X N J G R A E Z W U W T S
Y N J R J L L G E M U T N U L S L T Y
Q F S Z V J F C Y Q O N P Z B L G X V
T A P F B K N O W J G I B Q F F T P I
B O R I U V M B Z Q X T C M N D R C U
M B H O Z U L D P O S J M A Y L Y L H
```

FIND THE **40** WORDS AND MATCH THE NUMBERS TO THE TRANSLATIONS

```
P L V U I G D P D W A O R C S B V G I
S Z E L I V R A R R E C U D V A W J R
Q R D M O V H E S P I A R T A Y N V E
E A K K V B B M C C F G X N Y R N R H
C E H A D F N L L R T G E K U G R W V
R R N Z D E W E C E O E A U J M I J E
O O S U A Y C N F I S T L L E K G Y U
F B A R R T A Z M N L O T G P J V Q K
O A A A U O N Z E T I W K X M U S I E
T S G G D C T S T U A A X K Q K Z J E
R O G U I P O O W I M S L N F K J Y K
N T T J J T D A S R I H F P D I J A V
X F O A E E C A L P E R O T X W N L K
E N M J S S R G Y R Y B A H A E C P V
H J Y E U T O E R L E A X W B P O O A
S T R N S M E L A F Q M L J I Z V T R
V V T E T E P U C R C A P W S W X P D
E T O P I E R C E O C R K U G A P Q M
M V T J T N I A P O T V K A J X C Z T
J E H D U L M I T V Q T Y F P A X T D
F L I C I E Y C R N I R V V P R R N O
C T N T R F I S A J I R X M A F F P Z
L J K E O B X J T K T P I C J V B N Y
E Z C R G H R A L B A H I R G J U F G
W E Z N O E D A A Y N L S O P Q C F Z
R A S R R H T H S U P O T B N W T R D
R Q D R X O T C I X T D I G G G N Z U
N G O C T O C L E A N P E O G S Q B B
R C A P L I J L U E B N C P V T S U C
F E T O L F A T B Q V R P P H P Z K A
T R V X M V Z O J L I M P I A R S M L
P E N S A R T W P V U P R Z E V D D A
H I T R X F E E O G W E R L E Q J E E
```

01. AGUJEREAR
02. AMAR
03. CERRAR
04. CORRER
05. EMPUJAR
06. ESPIAR
07. EXPLICAR
08. FORZAR
09. HABLAR
10. INTUIR
11. JUGAR
12. LAVAR
13. LIMPIAR
14. MERECER
15. PENSAR
16. PINTAR
17. SABOREAR
18. SALTAR
19. SUSTITUIR
20. TORCER

___ TO BEND
___ TO CLEAN
___ TO CLOSE
___ TO DESERVE
___ TO EXPLAIN
___ TO FORCE
___ TO JUMP
___ TO LOVE
___ TO PAINT
___ TO PIERCE
___ TO PLAY
___ TO PUSH
___ TO REPLACE
___ TO RUN
___ TO SENSE
___ TO SPY
___ TO TALK
___ TO TASTE
___ TO THINK
___ TO WASH

FIND THE **40** WORDS AND MATCH THE NUMBERS TO THE TRANSLATIONS

01. AHORA
02. AÑO
03. ANTES
04. AYER
05. CONTEMPORANEO
06. DESPUES
07. DIA
08. EPOCA
09. FUTURO
10. HORA
11. MAÑANA
12. MEDIANOCHE
13. MES
14. NUNCA
15. PASADO
16. RETRASO
17. SEGUNDO
18. SEMANA
19. SIGLO
20. TRIMESTRE

____ AFTER
____ BEFORE
____ CENTURY
____ CONTEMPORARY
____ DAY
____ DELAY
____ EPOCH
____ FUTURE
____ HOUR
____ MIDNIGHT
____ MONTH
____ NEVER
____ NOW
____ PAST
____ SECOND
____ TOMORROW
____ TRIMESTER
____ WEEK
____ YEAR
____ YESTERDAY

```
A U U M M N Z H C Q J S A I D W R B J
H H B J O X Y X U T J N N S Y L M X Z
J X C F Q Q B V N U N C A Y B A G X E
I D Y O W G W X H A W U Ñ S O H W E Z
A Y E R P W N K X P I E A E N O T E K
K N A S J E O W X G N M Q R C V L Q
Z Y R E P R W K E Z A X K N A L X O H
R S R G R U D E A M X R B Ñ B Q I C U
X B Q U V T E T E E C S O I L U Q M U
V O C N V U N S N K F V V H F W Q R Q
C J C D W F C R N L L J Q C S C O H M
O C L O N E Z E J E C D Y R Y E B S G
Z Y S A N O W T I U V Y G C I U E E I
I Q W T U T C S M T F E P Y W N B F T
C F U F Q G E E O N I S R G A Y C J W
B R C U T M X M S H M T E F A K Q I U
Y G A T N Q O I P G S E T X A E L I H
H S E U O R I R N O I R F W M E F C P
T O T R R A N T E S R D A C I I R B W
R L U O D A S A P G P A E V J U Z W P
W D W R E T R A S O I Y R K D W J Y B
E T M I D N I G H T B A A Y V Q E P G
B Q Y W D I A S H H F Q B A Q H Z S W
E R T S E M I R T B P P C D C X K Q E
S S L P N G S N O T C S N O E J U M B
O E O J L S O D V P S W N O H J P A I
R C S O U M M Y I U M A A F J S P Q T
A R O H A M A M I V I E P V D M I M P
P O V V R L N G Z D U I T B V T F K E
B F C U E R O F E B Z I G N C C C P V
O A K D C C L M I A N X I H O A C T Y
Y Y E Y K A J V C F O P C M P C S W M
H D D M Y B V Q I I H S D V X T W R L
```

FIND THE **40** WORDS AND MATCH THE NUMBERS TO THE TRANSLATIONS

```
U H R J J J H J E F H G B U F F A L O
C Z V A P M U R C I E L A G O I C L F
N F P F T Q I W H F L R L W M X O Q R
Z D R A P O E L I X L G M Y P S I Q E
K T R A I T M G M I E X Y A J W P N S
O B X I G H G R P M Z R X F E C N Z Z
K L E C L A Z S A H A S Y X Z L M C I
W L L Q C Y H R N M G F K F P L H B N
J U L E M A C I Z E B R A D G I O D C
J E L J M P H Y E G E Y M R M P R W W
T A O D R A P O E L L W H P D P S D K
Z A R A T A C P K E A I A E Q C E I R
D T O E R A G C R U E N Z D I U T W Q
K A E A B D Y R Z I C G T X T X V F I
F H C A X B I M O E Y O A A R K M K F
C C L B B U L L I U R Y R E B M S E T
Q L A I Q F D N L O N O E I Z T Z S L
O J N S J A O V I A R D A J J Z Y W W
P S V O T L Z X X L R R H D R W Z Q A
C R X N S O B O X K R A O O E V G A N
P E R T R I R H R Q R P S Z G R I S Z
O V R E I C B X G B Q E T B I H V I D
N A J D G X A X E O R U E N T V W T F
A E T V O C F C M G O G G F P U M F
N B A H H X B M I L E B J D N V U U L
B K A V J A M T V O M T O L S C R E S
T F Y V N H V P X P K R F L M G J N M
M C S H Q B L A S B Y U H Z H B M R U
Q K M D T D L G N U D D U U V L L D N
O B X K H H X W P Q E J C V X O P B A
I T R G C C Z S N H E B L A C Z D C V
N R X J F F V Q Q H N G M K E S O A
C R D M S X F S J R Z J C V C F C Q A
```

01. ALCE
02. ARDILLA
03. BISONTE
04. BUFALO
05. CABALLO
06. CAMELLO
07. CASTOR
08. CEBRA
09. CERDO
10. CHIMPANCE
11. CIERVO
12. GACELA
13. GUEPARDO
14. LEOPARDO
15. MARMOTA
16. MURCIELAGO
17. RATA
18. TIGRE
19. TORO
20. ZORRO

—— BAT
—— BEAVER
—— BISON
—— BUFFALO
—— BULL
—— CAMEL
—— CHEETAH
—— CHIMPANZEE
—— DEER
—— ELK
—— FOX
—— GAZELLE
—— GROUNDHOG
—— HORSE
—— LEOPARD
—— PIG
—— RAT
—— SQUIRREL
—— TIGER
—— ZEBRA

FIND THE **40** WORDS AND MATCH THE NUMBERS TO THE TRANSLATIONS

01. AGRARIO
02. ALIMENTAR
03. CONEJO
04. COSECHA
05. CULTIVO
06. GALLO
07. GANSO
08. GRANERO
09. GRANJERO
10. HACHA
11. HENO
12. LECHE
13. MIEL
14. ORDEÑAR
15. OVEJA
16. PASTOR
17. REBAÑO
18. SEMILLA
19. TERNERO
20. TIERRA

___ AGRARIAN
___ BARN
___ CALF
___ CROP
___ EARTH
___ FARMER
___ GOOSE
___ HARVEST
___ HATCHET
___ HAY
___ HERD
___ HONEY
___ MILK
___ RABBIT
___ ROOSTER
___ SEED
___ SHEEP
___ SHEPHERD
___ TO FEED
___ TO MILK

```
B P U B H J T S B Y S S I D D O Z L W
T I H A R V E S T P L A W Q F X Y C M
A O C R S J R Y S G H N V I X V Z S W
Y X L N Q L N H S C O U M I U H B J C
N C R Z T I E J E O B L C Y R M O B S
H O K B E P R S R U K B N Z G M D D T
R T O A H F O E G L G E T H E L W T H
L K F E C C J S I B R Y S V I O A U G
Y C R A T N E M I L A K D G L H S I N
D D R Z A C Z W H Q N D O M R J W C H
W U K R H O N E Y K E J C F H X J C D
J A G R A R I A N D R E H R Q H I O H
B R L A O S E D R H O H E M D N A M L
T O L L O I R A R G A H A M G A Q A
F T B E I L S V A H X M C R U P S A R
G L O I M M O T Q Z C K E R F Q L Y Q
Z W A M D S E O E Z X A L E A M H O R
S Z Z C E L X S Ñ R R J H I R E T Z E
E R R Q U X L J W A N V Z T M Z U T K
C O M A C L Z H B Ñ B V X B E O S Q O
P L D R Z K T B V E L E I Y R S T M U
O W R I F R I I V D A O R Z H Q B Z U
A W C X A T B M V R T E K Y B I R H S
Q O G E A P A S T O R N L J Q C B I L
F Y A G C J V F F X F B G Z N K N W Y
M R N J E P E E H S U G B B G D E K T
I N S V F G E L C A G Y G X U X P L I
Y G O Z V D H E N O Y F F Z E Z B K M
T I E L U X F L O J N P I V Y T K C K
E X A L Q J N S O Q D E E S X Y F B W
O L H S S J E L C X D G J D X L M G L
J V X U A Y J G Q W F M V O C H H A A
X N Y L F K X K Q D I O M E O Y T S Z
```

FIND THE **40** WORDS AND MATCH THE NUMBERS TO THE TRANSLATIONS

```
I M C K C U C X S H O S T A S O E E E
W U U X K R W A R L M R A I S P C S S
X M D Z M I S F V Q E Z U E U L W U R
M A S A J B O R D E R C I N K T H E U
J Y Y G R S T J F I L A Z B K H R T L
M J Q V V R R G Y H J I D N S B T P X
F M W F A R E D A R P U G T Z L N P J
T O A I F C I C B Z T O K S K Z F E Y
M B H G U Q S W I S J W B P X M T I U
E C X Q Q I E H A F R E T R W C Q U Y
A L T I T U D O R K E B C D H R S H A
D A R R V C C Y F X S Z H C X L Q C W
O T D B E O M L O L M O M S L S N C K
W E L O P S W K A K O G S V M I D L R
G S K W G T E H D V N G O V B O F L R
M E D F U A X D A K T T Y M A O C F H
T M D E L C L L C C A T H O B X V Z F
N R W U F O L V S C Ñ P E R A K H G B
V V B A T E O O A Z A I N W C C N U C
G O Z N Y I A N C L I N W Q L J A S S
D L A R R G T U A E L B U F F H Y W B
W C T F C I A L Z C A E L E T Z M I C
H A F R L E Z U A U L N N J S O L P Y
O N I A T N U O M A H O O M H V R N F
U O D A J A Y U J V L U V G F C L V S
T O L L I H U H B E O M X G E L V A V
F P Z E H K B G E U P A O K A X J P E
R R F G D S I R S C W Z W F L U X Z Y
N T M J N A E C O D Y E R L R A I D S
Q E B Y E V U L E T S E O O R D R R H
U B A H I A I V R T T X S V T U D Q G
N Q F R O N T E R A P M C T L M C U Q
Z Z T L A K E J W B U A T X Q J E I P
```

01. ACANTILADO
02. ALTITUD
03. ARRECIFE
04. BAHIA
05. CASCADA
06. COLINA
07. COSTA
08. CUEVA
09. DESIERTO
10. FRONTERA
11. GOLFO
12. LAGO
13. MESETA
14. MONTAÑA
15. OCEANO
16. OESTE
17. PRADERA
18. RIO
19. VALLE
20. VOLCAN

___ ALTITUDE
___ BAY
___ BORDER
___ CAVE
___ CLIFF
___ COAST
___ DESERT
___ GULF
___ HILL
___ LAKE
___ MEADOW
___ MOUNTAIN
___ OCEAN
___ PLATEAU
___ REEF
___ RIVER
___ VALLEY
___ VOLCANO
___ WATERFALL
___ WEST

FIND THE 40 WORDS AND MATCH THE NUMBERS TO THE TRANSLATIONS

01. ACERO
02. BEBER
03. BIENES
04. CERTEZA
05. DESPEDIDA
06. EDIFICIO
07. ENCIMA
08. ESCAPAR
09. FELICIDAD
10. HERENCIA
11. LECTURA
12. LEGUMBRE
13. MELON
14. PERA
15. PERFIL
16. PESTE
17. SEGUIR
18. SUERTE
19. TEATRO
20. TERCERO

___ BUILDING
___ CERTAINTY
___ FAREWELL
___ GOODS
___ HAPPINESS
___ HERITAGE
___ LEGUME
___ LUCK
___ MELON
___ OVER
___ PEAR
___ PLAGUE
___ PROFILE
___ READING
___ STEEL
___ THEATER
___ THIRD
___ TO DRINK
___ TO ESCAPE
___ TO FOLLOW

```
D I V M X X A J O H P U R M S Z K P A
B T Z G V D R T A A N A E R X J C J Y
O T H N N A E P F Y N E X T I L R Q F
E N J I D D P I K Y Q R E D I H P D G
O C R D Y I R S P R W P M B Z F V M E
Y V N A N C T R E O K J U F S P P W J
Z M E E H I D T L J S E G O M W M W N
Z X S R G L A L A I J N E U A C C T U
O S K E K E O L Z O W C L N V H G P U
I Y R O H F U P E L P I L W E A S L D
Z I Z T O C O D T E F M L P W Q P U Y
F K O T K H I R R R T A E E F U H X M
A F H B O F P A E H I S X A A Y N X T
R N E A I D S P C B T B L R C Z U D Q
E M R C D E R Z H E E G N F A M O W M
W R I E J I N I I N M B E S D X B Z B
E O T V P W D E N Y I I Y W G Q X B Y
L L A O U F C E S K V Q E R V Z R L T
L E G U M B R E P Q Z E A S R P Y E T
G C E O R E C A R S L W H P M G S J F
N T E P A C S E O T E V B D I Q N V Y
R U Y T T C H C P N A D O F Q P M F K
H R V B R L A R A H I I E P Q I H S L
L A G D B E O J L P L Z N W L Z X B W
N J A V C F U F U Z A O O T M H W P L
D A D R I H T S H I L R Z B Y Q F G N
B U I L D I N G C E T O X U R N Q Y Y
O R E C R E T H M A Z X W W N I B Z O
M E L O N M D K E X F A D T S J M J J
R F Z K S E U T Y J V V E U G A L P Q
T Z B I F L R E H W T I K A F Y X N C
S X G O O D S E G U I R W K Z T A P W
R J T N G Z P S H B Y J R L G V H O L
```

FIND THE **40** WORDS AND MATCH THE NUMBERS TO THE TRANSLATIONS

```
F N I R E E U J X D L D Y H T C W S T
G T Y B Q K T W G J K N X C U V W S E
N R J D V L U N R E X Y B Z U E I B U
W O A S G A R D E N M P C W B L R O Q
O L R S H W B R T U T K M S C X O T S
D F D N S O C F R V F B L Y V R T A O
A C I N A T O B F E C R C V W K X N B
H A N P M R L O L O G F B R N D O Y Q
S K K M E P U I I H Y N A H N J T D S
V A I S E N M U N K O D C Y U B X E P
E U T A T S P D S L R E E A Q W C V V
Q F H A C K I D E P S E C U L Z T N F
K E I A U E O U C K Y P X H R E X Y E
W N J M L T H V T R O G S H W N N Z K
J C O W A C A H O O C F P J S Y X U B
X E C L A Z Y T P V I G H H Q M S D A
P A V I L I O N S B G U N M J K M I C
G G R A C E M D B E O K W V Z D E B F
A O C I L L B M S L L L D C C T N D Z
I I R X J L I A E Z O O U C V X Z H O
I B A C E T A S P J O B Q M F C W I Z
X L G I H O C Z T V Z D R Y F Y X M I
E X E N K A D E Q A A R P A V R N P H
C A M I N A R Y S W I N G S S Y B C D
X Q X Z T R X D G N K N O F N I A H H
B V Z S E N B R A N I O X A K B F O O
T W P N Z U O R K M H R W C Z Z J T G
E V O T S U B R A D G U D F S V H D V
K X A H N M E E R T M S L F W T B Y L
E F S D O W R R W E W J U N O D J F T
S N O S O T O P A P M A E B B G Q O D
N U I L S H R S L W L U G M B U Q K L
B J F P R G U M E D H J F L B B V C M
```

01. ARBOL
02. ARBUSTO
03. BOSQUE
04. BOTANICA
05. CAMINAR
06. CESPED
07. CICLISTA
08. COLUMPIO
09. ESTATUA
10. FLOR
11. FUENTE
12. HUERTO
13. INSECTO
14. JARDIN
15. PABELLON
16. RIACHUELO
17. SOMBRA
18. TERRENO
19. VALLA
20. ZOOLOGICO

—— BOTANY
—— BUSH
—— CREEK
—— CYCLIST
—— FENCE
—— FLOWER
—— FOREST
—— FOUNTAIN
—— GARDEN
—— GRASS
—— GROUND
—— INSECT
—— ORCHARD
—— PAVILION
—— SHADOW
—— STATUE
—— SWING
—— TO WALK
—— TREE
—— ZOO

FIND THE **40** WORDS AND MATCH THE NUMBERS TO THE TRANSLATIONS

VEHICULOS / VEHICLES

01. AMBULANCIA
02. AUTOBUS
03. AVION
04. BICICLETA
05. CAMION
06. CANOA
07. CARRETA
08. CARRUAJE
09. CICLOMOTOR
10. COCHE
11. FURGONETA
12. GRUA
13. HELICOPTERO
14. NAVE ESPACIAL
15. PATINETE
16. PETROLERO
17. SUBMARINO
18. TRANVIA
19. VAGON
20. VELERO

—— AIRPLANE
—— AMBULANCE
—— BICYCLE
—— BUS
—— CANOE
—— CAR
—— CARRIAGE
—— CART
—— CRANE
—— HELICOPTER
—— MOTORBIKE
—— OIL TANKER
—— SAILBOAT
—— SKATEBOARD
—— SPACECRAFT
—— STREETCAR
—— SUBMARINE
—— TRUCK
—— VAN
—— WAGON

```
L G F G M G O R X V L U Q V O Y J H Q
O Z M O O U S A C P V V D O F S D O V
F X R S H A E A J T W K R H E Y N K Y
S T R E E T C A R C K E R X W Q O V I
A M B U L A N C I A T Q S W A L U K Q
Y S L C I A T Q D P F Q C U R E U P W
R E H V C Q V E O D N Q S N B Z M Z W
Y J K E O O U C R T O P O Z U O W E K
A A T W P G I C A R A G Z L F Y T H U
N U C A T L H V S C A V Y Z C O R U V
Z R F L E K I A E V E C X S E W A U A
P R X H R O D C A L H G E P N G C U F
N A I V N A R T E R C U F Q S D G T E
Q C T H J A A R W Z O K U S U Y A J I
P M H I F N O Z E T C T U U I T T C O
E R A T N V B N M U W B O B J S E E C
K I G O B E E O A D O C S M J A L J E
O R E L O R T E P C Q O D A O I C I V
O S Q T Y O A E N A R C W R W L I U G
F I X J R D K C Z Y R C D I X B C B L
C Y L B L U S O A L S S I N W O I I C
F J I T Q K C T B N M U A E T A B R C
R K F L A V E K J J O W B L W T M B M
E D F W N N R E B A E E W M X M P D X
S X P A O O K I C Z A C N N A N E W F
A U R G Q M C E E S O B N U D R K B N
N U R O D Y H G R O Y Y V A N D I L P
Y U I N C C A M I O N O V E L A G N U
F J T L A I C A P S E E V A N U O I O
N C E Z R E W Z A C D D L Q D O B T U
A U Z R Z O M N K A Z M C S B C Y M A
F U A I R P L A N E T G J K V M F G A
C C B A F Y G X Y N Y A A W V U S E B
```

FIND THE 40 WORDS AND MATCH THE NUMBERS TO THE TRANSLATIONS

```
D B X V K S K W D O Y J N G K N Z W P
B O C A S C E P D N A M A V T K A J B
U T R H N F U E G O F X T H H U U P G
P A D V E N T U R E B I U U T T U A P
F S J D I G I T A T Z A R H J J G J B
A Z O P A R K U Z Q V A E E D A T P S
A N G X V L D E A N U L X O X U S U Z
B O T I Q U I N C I T I K A P N E K S
S F A Ñ A B A C U T I H E E C E Q X U
V E P A C R T D O F K C H H C W A S J
F F C N A A S B N E E O V M X V U D S
M Y L I W F R C T E P M C L R S M F Y
P X E T P E I A J D I G P I V H A F U
O E B N T J F R V V O T M N A Y N C K
H Q S A R X P A I A L A Q T L Y T F M
J E W C C E G V B E N N C E W L H I I
W V S Z A K T A L F Y G D R N B T F M
K W H C P X P N B H V C D N U V N S F
A S U O A A F A A G H U A A Y N E L B
E U S S R L C J C L N T N U X L T Y G
Z B I Q Q A A O Z K U I A K O G O P R
Z I U K M P N D Q R B R P B M V K V H
B E F I L Z E F A A U W R E R C S H L
O G N I B M I L C T F A M Y E P A A K
X O W O X S E T N U H O T N A L B L A
L G O M H Z R E Y K Z T S M X U S I A
H T E I A M V F F F J H A A U J T H R
S J N I C A N T E E N S Q P T G N J W
C G H B U H D S D G S D U A O C E Z V
P A R O L P M I T N A C G D T G G W Q
M W J U M V O R F J O B U Y N X X M P
I X P S N R Z Q Q J D D D Q L N Q B W
Q R P R J E P X U M L E C L B M P M W
```

01. ARBOLES
02. AVENTURA
03. BOTAS
04. BOTIQUIN
05. CABAÑA
06. CAMINO
07. CANTIMPLORA
08. CANTINA
09. CARAVANA
10. CAZAR
11. ESCALADA
12. FUEGO
13. LINTERNA
14. MAPA
15. MOCHILA
16. NATURALEZA
17. PARQUE
18. PESCA
19. SACO
20. TIENDA

___ ADVENTURE
___ BACKPACK
___ BOOTS
___ CABIN
___ CANTEEN
___ CARAVAN
___ CLIMBING
___ FIRE
___ FIRST AID KIT
___ FISHING
___ LANTERN
___ MAP
___ NATURE
___ PARK
___ PATH
___ SLEEPING BAG
___ TENT
___ TO HUNT
___ TREES
___ WATER BOTTLE

FIND THE 40 WORDS AND MATCH THE NUMBERS TO THE TRANSLATIONS

01. BRUJA
02. CABALLERO
03. DUENDE
04. ENANO
05. FANTASMA
06. FLAUTISTA
07. GIGANTE
08. GNOMO
09. HADA
10. HEROE
11. MAGO
12. MOMIA
13. MONSTRUO
14. OGRO
15. PALACIO
16. PRINCESA
17. REINA
18. SIRENA
19. UNICORNIO
20. VAMPIRO

____ DWARF
____ ELF
____ FAIRY
____ GHOST
____ GIANT
____ GNOME
____ HERO
____ KNIGHT
____ MERMAID
____ MONSTER
____ MUMMY
____ OGRE
____ PALACE
____ PIPER
____ PRINCESS
____ QUEEN
____ UNICORN
____ VAMPIRE
____ WITCH
____ WIZARD

```
U D M Q Z H T J P K W N K I A T T H C
K J N I L K E F V Z P W R V P Y V L Q
D U E N D E K R R Y P Y L Q M E D H B
O T N T T M W A O T X D Q G S K H O E
W R I N N Y T W D U R U I G X A P Z X
C M E R M A I D P A A A S N E Z Q U U
U I O L M X G A Z A N I E R J K D Y F
M N R K L A L I T T R S G L V S K P Q
A T I A I A W F G E F O S L A S D Z U
W I P C C S B L N A M B E B I G E D Y
R Q M E O P H A D A E X E A Z V F Y D
B E A O O R E U C P S E N I C G D D T
R Z V Z M P N T R M L Q X Y Q X G J R
X T A O O Y R I A F M A D U W Y F S E
B D H G N X N S O Y I B H Z N G U C P
Y V M R G C E T A X T S B B L J G I I
W A N O E C S A W J I F O L I E H I P
D E P S N R O C I N U L U Y S M O A A
W R S I H S N P T A X R Z C R N O V L
M I R V G F T M C S J I B H J P B G A
F P E L J H B E H J K F M H W Q D U C
Q M N L G L E X R P V D Y W V C C H I
M A A I R V H R C V Q M R P N O Y W O
V V N Y Y C Q K O P C O T C M V V V Z
W K O G A M L U U E X L F P Q M J I M
A Q Q E W D M T E P M U R D H B Z S L
S K D L U U Q U W E O A I I J A H B Q
J R Z H N L H A M O N S T R U O X Z N
J T A A D O Z O A A M S A T N A F L T
V T X Y S Q N U T C E G N K S J N X G
L S O Y C G H O S T W P L O I E L P D
O A J V S J Y Y K J I S X X H V I E G
Y G D C A V I S R N Z K C W X P P U F
```

FIND THE **40** WORDS AND MATCH THE NUMBERS TO THE TRANSLATIONS

```
B N E Z J V I H E E L G M S N Z A A G
Z E O S L U M C V S P E Q N Q D H E W
D Z Q I A B Z O U R Y R V E R B O O Z
P X R M C R R L G E R U N D I O V H M
Z A R Y W A H Y H V M N O T S S X T E
O E H N A D M P B M T D F A K P H U D
A M M O C O A A B O V I T A R E P M I
O J I T I R F O L X I I I O D L N J F
C S S N G P V A R C Q W C J E L H U U
Q V R A O I X C R U X H C U Y O L R Y
T V R E T N A G O R R E T N I U V G W
H A I E V F I H C F A O V X Z T D S L
P Z J I R I F S S C O P Q N S E F K N
T D B A M N A U N Y Z T H O L O T W F
A A S S I I R B H Q N G O E A Q G J P
C E Z N K T G J F K R T T S U C V M I
U W Z C V I O E C A E R A E V J A K Q
V Z B Y E V T C N J E S S X A I O V M
O U M S R E R T U A U T I T E Y W B Y
T C E J B O O S R A I U X S B L Y F N
B K G I B N R M E O B V A X G H Z O O
L N J J I T H T N O S J T H W O I F N
V W E M V H R M H Z T C N B M T R J Y
Q T O I R A A D Y O W F I V A T A J S
O U B O M R R K S H G L S M N S F K C
Q N U D K P V T S D X R A R E D D B K
C N O M B R E L I U J L A U V D L B Q
Q O L U C I T R A C C F V P M P N L D
J Y X C N B P M A X L A E C H R W U O
A D J E C T I V E T M E H G I Y W W N
I N F I N I T I V O I X M E T H I Z U
K P D Q V J H D C I O V U R L I H F E
Q F I V H X Z H W J X I E Z C E U G T
```

01. ADJETIVO
02. ANTONIMO
03. ARTICULO
04. COMA
05. DELETREAR
06. EXCLAMACION
07. FRASE
08. GERUNDIO
09. IMPERATIVO
10. INFINITIVO
11. INTERROGANTE
12. NOMBRE
13. OBJETO
14. ORTOGRAFIA
15. PARRAFO
16. SINONIMO
17. SINTAXIS
18. SUJETO
19. VERBO
20. VERSO

___ ADJECTIVE
___ ANTONYM
___ ARTICLE
___ COMMA
___ EXCLAMATION
___ GERUND
___ IMPERATIVE
___ INFINITIVE
___ NOUN
___ OBJECT
___ ORTHOGRAPHY
___ PARAGRAPH
___ PHRASE
___ QUESTION MARK
___ SPELL OUT
___ SUBJECT
___ SYNONYM
___ SYNTAX
___ VERB
___ VERSE

FIND THE 40 WORDS AND MATCH THE NUMBERS TO THE TRANSLATIONS

01. ACUEDUCTO
02. ARROYO
03. CHARCO
04. DEPOSITO
05. DRENAJE
06. ESTANQUE
07. EVAPORAR
08. FLUIDEZ
09. GOTA
10. HIDROLOGIA
11. HUMEDO
12. LLUVIA
13. MAR
14. MAREA
15. OLA
16. PANTANO
17. POZO
18. TIFON
19. TORRENTE
20. TUBERIA

___ AQUEDUCT
___ DRAINAGE
___ DROP
___ EVAPORATE
___ FLUIDITY
___ HUMID
___ HYDROLOGY
___ PIPELINE
___ POND
___ PUDDLE
___ RAIN
___ RESERVOIR
___ SEA
___ STREAM
___ SWAMP
___ TIDE
___ TORRENT
___ TYPHOON
___ WATER WELL
___ WAVE

```
P E H G C C X H Y G F L H A I P P T U
K S T O C R A H C W U X Q K Y G X T M
O T C U D E U C A C D E I D W I M H V
O D S K C S V E E W R Y V J W I O P V
Y L T C D E J T C Y J G E R D H S U S
O G L I T R A N Z Y F G D E V A V E K
R O O U F V I E X H D T W B X J W O N
R J Q L V O A R R B Q N R P M T N L F
A V T E O I N R H A Z E R U Z T L L F
Z T H O R R A O S R M R D D Q S U D Q
S T R E A M D T Z C I R Z D G I D Y O
B F B K D H R Y K I O O Y L D P O Z E
E U M N K N O O H P Y T X E R O E R P
T U G C Y Y S X A L L C Z M K T K F D
P V Q Z A Z Y Z C H Z N Y S L J O H M
R E Q N H U M I D L A H W H C T P T D
A A A Q A Y P R F D P A B S Q Y A C B
I Q M U S T A O Z E M K P B S M S U U
N R U T A I S L Z P T W P H A K O Y T
S T L E N D A E I O E Z E E B V K X B
E Y M A D I O P T S N D T J E Y Z A K
F Y G K P U E S P I I A F C F L Y T P
O E G H W L C G E T I Z T N R R U M R
Y X Z P I F X T Q O E E B N H R Z L A
I A N N W D S E E U J X N U A S B U T
B A E S A Q R T A A Y D P T L P Y C T
B G A L V G A O N F R M O I O W K F D
T W A T E R W E L L B G I T P I L J U
A K I E O O R D P O N D G K R Z Y N Q
K D M P O D E M U H G B U J X B X C N
V Q A C G M J L X N T I D I C Y B V B
H V H I T Z M K I B R A A Y N Y C M C
E V A P O R A R N N K A Z U D O J R V
```

FIND THE **40** WORDS AND MATCH THE NUMBERS TO THE TRANSLATIONS

```
P P H P B R R Q C C I Q Y U A J C H U
Q Z D U G O E U Z A P J W W O M N X S
Q A J R M Y R S R S T U P M T P X K K
D E C N E I T A P K S B J A E R H O Z
B E E P O H L U Z E B I T R R U A E K
J K B S H A M I D L T L F E C D N E G
J G I E Y L K Y T I Q O C P S E K L C
V T E E R C S I D Y T U E G I N F F G
Y C O R T E S I A M E P R E D C A S T
Z E A Y T I R U P O T F Y N A I M R J
A E T R U G L M L X I M I E D A S J K
Z Z U Q O O X Y R T C E V R L U A D R
C O N F Y O Y C G U A W O O I A I M H
C Y A A N D M I R O U C E U M Z S V L
B P L Y R N S I X L I U D S U E U Z R
H T A U L E O G E R B V B H H R H I J
Y B H C C S P D E O M S A I S U T N E
O O O I I S C S A D Z I L C F P N F G
J F S D O E I X E D A I R E C K E V A
M G A O Y M N C N X I D T Q A R J C A
T D C N R P N C D I C V I O J L A A L
N P M O D E S T I A J T I R H A T X F
K X J T D X N Q F A L J T T A W H A I
K U D U G F B E A A M J L U A C A L D
U G R D E P E M G Z H S M U A E F X T
N P N G K I E R U Y C L L Y G Q R W P
E Q Z M C R E A T I V I T Y A L J C P
A Q H E C S D S H V X S G N P M I M O
J S D Y P I E T Y C H B D A E G L J L
L W K E K D E G H D O J G P P V C G F
E O C B O N D A D Y F Z V B D G Z K Z
T T Z M K B A Z R G H G L L U F I G M
Q O H Q I E Y F K C H A R I T Y O F J
```

01. BONDAD
02. CARIDAD
03. CORTESIA
04. CREATIVIDAD
05. CURIOSIDAD
06. DEBER
07. DISCRETO
08. ENTUSIASMO
09. ESPERANZA
10. ETICA
11. GENEROSO
12. HUMILDAD
13. JUBILO
14. LEALTAD
15. MISERICORDIA
16. MODESTIA
17. PACIENCIA
18. PRUDENCIA
19. PUREZA
20. RESPETO

—— CHARITY
—— COURTESY
—— CREATIVITY
—— CURIOSITY
—— DISCREET
—— DUTY
—— ENTHUSIASM
— ETHICS
—— GENEROUS
—— GOODNESS
—— HOPE
—— HUMILITY
—— JOY
—— LOYALTY
—— MERCY
—— MODESTY
—— PATIENCE
—— PRUDENCE
—— PURITY
—— RESPECT

FIND THE **40** WORDS AND MATCH THE NUMBERS TO THE TRANSLATIONS

01. ALEMAN
02. ARABE
03. CHINO
04. DANES
05. ESPAÑOL
06. FRANCES
07. GRIEGO
08. HOLANDES
09. INDONESIO
10. INGLES
11. ISLANDES
12. ITALIANO
13. JAPONES
14. NORUEGO
15. POLACO
16. PORTUGUES
17. RUSO
18. SUECO
19. TURCO
20. VIETNAMITA

___ ARABIC
___ CHINESE
___ DANISH
___ DUTCH
___ ENGLISH
___ FRENCH
___ GERMAN
___ GREEK
___ ICELANDIC
___ INDONESIAN
___ ITALIAN
___ JAPANESE
___ NORWEGIAN
___ POLISH
___ POTUGUESE
___ RUSSIAN
___ SPANISH
___ SWEDISH
___ TURKISH
___ VIETNAMESE

```
Z K P M J S O G E V L A B K X E G K U
Y Y P I O E D N C F I X L B C J V Z V
U E O C T N F O I J Y E P E F U L E Z
O E S V D A N I S H P T T M M V B S Z
W N P H P D L H V T C M E N N A Q E O
H A A S W E D I S H R V X A A V N M H
N H N I H W H I A I C N I F X M J A I
O T I K L C I Q R N Y S K E D F I N C
V U S R T A N F S K E E R G A U U T N
R R H U U J T E V N S Q E L T W Q E A
H C D T P S D I O E T F H G U M B I M
Z O I S E N O D N I K M P O T B V T R
H E I P A O N I J S U O L S L P Y M E
C I Q L A I H Z F H T I C N T P F K G
W V S N J C T C O U F W X O R B I Y S
F I X O A E X S G R I A U Z Y F H T W
M P O R T U G U E S U E C O L N X B C
E X A W U P E N U L C A G X T T Q P V
O B D E Y S C I R T G I K Z U M S P W
E G V G E H S H O K Q N D S M H B A L
H I C I S I O I N F B X I N S E W R T
P S P A P L B P A M Y M B V A N B A X
E S E N A P A J G N T L N D F L H B M
Y D D N Ñ D D J Z Y L B Y V S Z E I O
I B D I O A G E X L V E Z G N A F C B
W E V D L T A W N S D U B S Q M Q S I
S I X B E F R A N C E S B B C L G Q D
M P D A S R O O Z N O N U T Z T E L B
M H P O G E I R G C D Q O A U I D E M
W H H T G U L L A K E G N P V U A Y E
T R L C H S I L O P A J U S A C L G S
T U S S H S O E Y L Y W A Z Q J I A M
A J U I H P C O X S X R H D P Y W W C
```

FIND THE **40** WORDS AND MATCH THE NUMBERS TO THE TRANSLATIONS

```
A G A G V D C B R S E M D J S D D I P
R P D F P W X A H Q D E S T U N W X L
R H H G T U O G U A T K X Z X G L U H
S E O Y T Ñ M N C T F L I I I O W E V U
K Z R Y O Z E P Z S U A U Z J D Z R K
S E N T O C O O K E G M N T S L K W N
J O O R K L S S C I P V N L I F Y F A
S W U A T R A T I F N S Y A D I L O H
B J N P C A U R H S D H A L R S A A T
W U R M M I N E E M S R G L A C F Z O
F J D A X F D H T P T D R U Y I G Y T
X A Y N N R S E C U E I A O W N K X T
F N M T O I R R R S S Q D S T O O H Z
H D A I W V C K E S E U E O F N M U N
H X U V L V E O H X T D C I I G A G X
V O O T G Y S M C Z T E E C Q N F O M
E I X L I U Q E B C L J R I P J J Q R
J W O A I T L P C E E H P L S J B R N
O A M F N E A A B N R K W E B L H Z Q
K X O U B V I R E W A P S D H D W M H
Y U Z R O L A V G M G I U R G O F U C
G R A T I T U D E A O V E N X A T K X
S R J M E E E S I L H H Z P F L M T Z
H G A Z K J G N E M U I V S T F F P N
N F E A D N U R N N O G P P W D P L U
W A C A L A B A Z A O C H J K T M R B
V O Q K Q M Z Q U Q M I I U J P D F U
B S T R E S S E D O O F C M O J W O L
S U O I C I L E D G P W J A X X H Q S
C E V F C I C T F W X N M Y C A H G P
C O L O N O B A B S V Y V A X A C W B
N C Y A Y J J T Y W S Y X R P O U V K G
U J Z V G R Y I B Y B C J G K E Q B X
```

01. AGRADECER
02. CALABAZA
03. CELEBRAR
04. COCINAR
05. COLONO
06. COMIDA
07. DELICIOSO
08. DESEOS
09. FAMILIA
10. FIESTA
11. GRATITUD
12. HOGAR
13. HORNO
14. NOVIEMBRE
15. OTOÑO
16. PAVO
17. POSTRE
18. SIDRA
19. TARTA
20. VACACIONES

___ AUTUMN
___ CAKE
___ CIDER
___ DELICIOUS
___ DESSERT
___ FAMILY
___ FOOD
___ GRATITUDE
___ HOLIDAYS
___ HOME
___ NOVEMBER
___ OVEN
___ PARTY
___ PUMPKIN
___ SETTLER
___ TO CELEBRATE
___ TO COOK
___ TO THANK
___ TURKEY
___ WISHES

FIND THE **40** WORDS AND MATCH THE NUMBERS TO THE TRANSLATIONS

EL CIRCO / CIRCUS

01. ACROBATA
02. ANFITEATRO
03. ARO
04. AUDIENCIA
05. CARPA
06. CONTORSONISTA
07. CUADRA
08. DOMADOR
09. FAQUIR
10. FUNAMBULISTA
11. ILUSIONISMO
12. JAULA
13. LATIGO
14. PAYASO
15. RISA
16. TITERES
17. TRAMPOLIN
18. TRAPECIO
19. TRAPECISTA
20. VESTIDO

___ ACROBAT
___ AERIALIST
___ AMPHITHEATER
___ AUDIENCE
___ CAGE
___ CLOWN
___ CONTORTIONIST
___ DRESS
___ FAKIR
___ ILLUSIONISM
___ LAUGHTER
___ PUPPETRY
___ RING
___ STABLE
___ TAMER
___ TENT
___ TIGHTROPE WALKER
___ TRAMPOLINE
___ TRAPEZE
___ WHIP

```
W M T W R M V G T R U J V V F D A Q U
N O G N A W M E P R G O H I R H M Z S
N G R O S M A A R Y A W C R P I K E O
R Y Y W I M P T A F Z M E G R V R F M
S I C C U C G H S P E H P T R E Y S J
L A U G H T E R I I E Z I O T S P P F
T Y C Q H N D P Y T L M W I L T E S Z
Z R O D A M O D A T H U T D S I C E U
J S A E R F R K T R M E B Z V D N A I
V A H P L Q T J S I T A A M O O E E H
H K U I E B F E I R C P T T A U I C H
W W A L R Z A L N R F F S Q E N D Y I
D M A L A K E T O T A S I R Y R U X S
Y C P U O S O B S A A R L J U D A F N
G M J S V B A C R M N V A K O Y C C Z
R D O I W T K U O C F N I M Y P L S A
A C R O B A T A T A I Z R Q R Y M U D
D Y J N K A J D N R T H E B I B N V O
T O T I G H T R O P E W A L K E R R S
J E Z S D N S A C A A G C U A P Z E A
A R E M A T R S N S T M A G F I B I Y
I H M E P O G N D E R B G C Y I C I Z
V D B U Z P A Y A S O F F P J N L Z M
J T S I N O I T R O T N O C E U T A M
I T E X X V K C F F L P P I S P T S P
D E X G W R I Q G Y I J D I O S L U U
Y Q Y N T X H N Y H I U O D I T P N R
F J C I D C L O W N A N Q C Y P V V F
B H Q R R D G Z U X I T E H E Q E H M
J E E S R I X R W S K P O T W B A V Q
B S W O T L K N M H A L R U J Q M Z K
S B T A L F W O C R S Y J D O G V K N
N I L O P M A R T C V A T O K F R D W
```

FIND THE **40** WORDS AND MATCH THE NUMBERS TO THE TRANSLATIONS

```
H A B C V C W O Q Y F O O U O C V P S
Q Q E R T S U A L A B O S I O N Z S S
P L W O L O L R M L Z T O C V G L D X
K F R T N O B I B L I A R K E Q M E H
L R C K B Q T M R A F R E L N I C X S
J D A M R T X J E I N W B M R R W I D
A O Y D G O E G B Z B I R W N A N G A
M S U C N R O M E R T X A J B A L K M
A R O V O A H R L S R W B V K N R R R
B D E D C F L E U R X M P Z B Z G V L
L O T U L O S B A P G T R P Z J B Z K
E S U M A A M E A W E B A N G M U P N
H C L Z B O B L T L A M S M H D F C O
I S O Y C A A D K J E A S K I S C O O
T X S W Z B L E P O Y U G P U Y X J L
L I B E R A R C R L N W F V B F F M S
S J A A N T P R O L T X M B S K T T X
B A L U S T E R H N O G T K N P W G U
D S M R Y X H M I K Y Z C Z E H C T W
S I M B O L O G B N N R K P T W V O E
G D M A I A V A I L N U C M F M J H V
H R B N G T R Z R R O I D Q O N F U S
R O N O O R I H T E B R C L S T W X B
W Y O T E Z R O K L E Y E E O Z Z W I
M U N R J F S M N B M A O B T A M S O
Q R X H J W W O R I D R R K B X B I Q
Z B Z S E M I A E B J E T I L E E L O
C I A E J C B H C N A B O T M P P J X
M G P C I H G S R K W W X Q F A A Q N
T L W B Q L S C F T O C L S A B Q P T
K R M W N W E R V R T K X E U D R B I
B A K N X G E Z D Q X X K T N P R J M
Z Y V R Q E M V Q F B H V G N D L Q O
```

01. ABLANDAR
02. ABSOLUTO
03. AMABLE
04. AMBICION
05. BAJO
06. BALAUSTRE
07. BALCON
08. BALDOSA
09. BARBERO
10. BARRER
11. BIBLIA
12. BRILLO
13. COMBUSTIBLE
14. LIBERAR
15. PALABRA
16. PROHIBIR
17. REBELDE
18. SIMBOLO
19. TEMBLOR
20. URBANO

—— ABSOLUTE
—— AMBITION
—— BALCONY
—— BALUSTER
—— BARBER
—— BIBLE
—— BRIGHTNESS
—— FUEL
—— LOW
—— NICE
—— REBEL
—— SYMBOL
—— TILE
—— TO BAN
—— TO BREAK FREE
—— TO SOFTEN
—— TO SWEEP
—— TREMOR
—— URBAN
—— WORD

FIND THE **40** WORDS AND MATCH THE NUMBERS TO THE TRANSLATIONS

01. CAMILLA
02. CIRUJIA
03. CLINICA
04. CUIDADO
05. DIAGNOSTICO
06. ENFERMEDAD
07. FIEBRE
08. HERIDA
09. JERINGA
10. LESION
11. MATERNIDAD
12. NEUROLOGO
13. OCULISTA
14. PACIENTE
15. PILDORA
16. RECETA
17. SANATORIO
18. TIRITA
19. TRATAMIENTO
20. VACUNA

___ BAND AID
___ CARE
___ CLINIC
___ DIAGNOSIS
___ DISEASE
___ FEVER
___ INJURY
___ MATERNITY
___ NEUROLOGIST
___ OCULIST
___ PATIENT
___ PILL
___ PRESCRIPTION
___ SANATORIUM
___ STRETCHER
___ SURGERY
___ SYRINGE
___ TREATMENT
___ VACCINE
___ WOUND

```
V E X J O I O Y R U J N I S B I M Z H
W P M L E P I E A O H C T H T N P X Q
Y A M S O N H H M X I H M W X Y T N Y
R T O K G C F W P N B W M O T D E F Q
E I D N T L T E I J G J B P Q Y T S W
G E U E O Q G L R T T A J O M N D P K
R N R H Y I C N N M G S H Z N Z R B O
U T F C K L T E X N E X I E W A I S U
S Z M V S G M P I L L D U L O T D E Z
I S A N A T O R I U M R A A U E N F M
S W T T A L E Y F R O J S D L C U S Q
O V E E S J L R Y L C T V L N E O N K
N A R C F I D I O J V S Q C H R W A J
G T N A U I L G M M R I E I V X X M R
A C I R S S O U H A A G J R N J V W Y
I M D E S F Y H C N C O M U P O Y U R
D S A N A T O R I O N L K J T P F L R
S S D T A H X V I M O O A I O A Q I J
E G W X E I R A A N G R E A B C K V X
C H W R G R V C Z C G U F W C G V N B
D E I U U K N C F D U E D P N J S V G
F D R E T N E I C A P N R P K D P L Q
A I L D D C B N T B G G A D D Z L H D
A N E J M Y Q E Q Y Z V I X Z B W A F
V P E B D I A D N A B A L Y J X D C U
D P R L R F M M C E G M T C C V F L V
D D Z O L E S I O N B I M C R D C X R
P R M Z P N C O H R I R U Q E X J G
E N K Y O I E S U I Z V W U M Q V M V
R D D R L G T S T A D M S V V J N E O
K K B C U I D A D O E T N W X H B J F
C J K F C I G Y O T N E I M A T A R T
H A R O D L I P G L Z P G E R L E B X
```

FIND THE **40** WORDS AND MATCH THE NUMBERS TO THE TRANSLATIONS

```
M F A T K M L O B U V G K X K H D I L
D F L L T I J E R A N U M Y G F A S M
U R T Y L A O H G E T K Y A O V G J Y
G A R A T I E F A N S H Z W E C H A K
D G V D Y C H S Y I O V R W P M C R M
G R I F O N H C U E A P K O M A D Z O
Q A A D T A X P U P P G S I B K H B W
S N P Z M G M Q O C M C M A A E S S V
S C G P O A R E Ñ A B A Y F T U Y O P
T E O C H R N E B V Q M I A H P O H J
S O C C D F B F S U V H U O T L Q W H
S E A A T J P L I I G K U G U H P K J
C R Q L D E X L A H C U D X B O B J N
I T F J L O L K T D S F Q R V L G Y M
S D J S A A R I S R E U R U S L C T Q
S Y A X J B N H O H U F R Z L I X O V
O O J E N Y O Z A T I K Q B P C W U N
R A N B A W S N O T T O C S C N T D D
S O O A E E D G Z J D K Y V D O T L B
G W P R M W D O R F E Q U F J T R E X
X A S B A A N L Q T A W J E Y S X W X
T F E S X R V S N C C S K D A A E O S
G U H W O E V A H S O T V H E B R T G
M B Q B O P R I L I A L E Q C O U N M
U Y L W Y O I U B Z C N F E D Y C H A
H A I R D R Y E R K Y X E O I Y O H P
T D E O D O R A N T A L N U E M Q A I
O Z S V G H M C Z R V I A Z Z L F F L
C E P I L L O P R X R D B X A Y B N F
D B K Y N M G Z Z S W O C Q D N D Y T
T F D L B C S O O B R J L H E P S L U
O Y N L H D A C Q N V H V B N Z K R C
C M E G H U M G Z R C M B W S W S C W
```

01. AFEITAR
02. ALBORNOZ
03. BAÑERA
04. BASTONCILLO
05. CEPILLO
06. CHAMPU
07. CUCHILLA
08. DESODORANTE
09. DUCHA
10. ESPONJA
11. FRAGANCIA
12. GRIFO
13. INODORO
14. JABON
15. LAVAMANOS
16. MAQUILLAJE
17. PEINE
18. SECADOR
19. TIJERA
20. TOALLA

—— BATHROBE
—— BATHTUB
—— BRUSH
—— COMB
—— COTTON SWAB
—— DEODORANT
—— SPONGE
—— FRAGRANCE
—— HAIR DRYER
—— HANDWASH
—— MAKE UP
—— RAZOR BLADE
—— SCISSORS
—— SHAMPOO
—— SHOWER
—— SOAP
—— TAP
—— TO SHAVE
—— TOILET
—— TOWEL

FIND THE **40** WORDS AND MATCH THE NUMBERS TO THE TRANSLATIONS

01. ADIVINANZA
02. AFICION
03. BRICOLAJE
04. BROMA
05. CARNAVAL
06. CIRCO
07. COLECCIONISMO
08. CRUCIGRAMA
09. FERIA
10. FESTEJO
11. FILATELIA
12. GOLOSINA
13. JARDINERIA
14. JUEGO
15. LABERINTO
16. NAIPES
17. OCIO
18. RECREO
19. SOPA LETRAS
20. TURISMO

___ BRICOLAGE
___ CANDY
___ CARNIVAL
___ CELEBRATION
___ CIRCUS
___ COLLECTING
___ CROSSWORD
___ FAIR
___ GAME
___ GARDENING
___ HOBBY
___ JOKE
___ LABYRINTH
___ LEISURE
___ PHILATELY
___ PLAYING CARDS
___ PLAYTIME
___ RIDDLE
___ TOURISM
___ WORD SEARCH

```
E Z F Q W Y G E J A L O C I R B C H U
C F N P N P A R K U S Q C R W I B O E
H X I P P U N E A S I K L R N G X B Q
N U W L L V C O L L E C T I N G A B C
N H V G A R D E N I N G M G U B R Y Z
C A N D Y T J Y C K Y U D A J I D J V
W W T Q T S E P I A N K A J C H Y J I
C W Y O I L N L O C R G I O P Z L B R
S V S M M A B B I H U N L K I W E S Q
Z A K Z E B Z V R A D A A E T Y T J E
F X W X Y Y F N C O G R G V A I A U R
G F P Q N R P V R E M C O Z A B L N U
T T H C O I B O U R A A R W O L I H S
A O M S I N O I C C E L O C S A H O I
S X T U T T X L I E L P Y J Z S P T E
T X W D A H P H G R M I G N F A O V L
N K Y V R P I L R E Q S A V L V C R C
L N B Q B I D Y A R J N I E D U R U C
D Z J U E G O C M Y I A T R R R I S M
O T K U L H E Z A V I R F K U A C Y S
A V B A E M A G I I A N F I I O R I I
J J H H C H F D T S Y Q G R C D T X T
Z M M C W E A X S L E V E C M I O O V
R I C A R N I V A L L N N B A W O I D
J I X I N A M B D O I G D N W R W N P
W U A C V P E D M D R C X S E G D A R
T O O F S R I S R D I I I D J Y I S J
A L Q J I R I A D R T G X K C H T X S
K V O N E R J J C R N G V Q Q C E P H
F A T Z U T F U O R O B O M Y R I V D
A O Z T O F S Y A I E W Y J I R M R M
N J L B G V R E C G Y A N I S O L O G
J E S U U Q R O F H H O T X A H F F X
```

FIND THE **40** WORDS AND MATCH THE NUMBERS TO THE TRANSLATIONS

```
J S N D Q F D I C S U D Q I C X J U F
U L I O G Z V J R I R S H F D Y N I M
L Y H E C Z T U W E H C I T D D N T H
Q I N C R A A D K S H T X J L J K N E
S E E D U R L G O A D O F X F U C R W
U M Y W L E A L Q O N D V T R X E C C
D B J M E L D R A E W G G A E K S J G
B P J E R A R A C R L A R P W N F C Y
S U S D D C O P R U V L X V U T F K Y
X A C O O S O H E E F V P M F Q Y X T
J D R K J E B C U N D S I A T G S Q Z
X P E G A M E N T O C A J G G F W P J
E M W S D C E Y A R E I M Q C I X H B
D A D O T F X D E I L L R E Z Z G A
F L R R A O R W O C L T R M A Y F G I
W C I O M I R B Z N I S L J L H D P U
U K V O L L I N R O T W X O E T Y K R
R Y E L Z L L U I O E H I I A J H P U
K A R Y S B I T O L Z R A U G S P B O
H A M M E R J T D L L A V E H Q B P R
X Y U N Q U E E R J O A R Z V N K U F
J Y U E B I R I C A A U D S I R E C E
V N L W R E M W L H M L D O D A T Q N
F I S P D Y L E V P H C V R L C W M
H V A D A N V I L R I E B A Y G R Q J
M E A U G E J Y W Z I P A L W E B X H
S L K M L V H C I B P Q E C P R S B R
M A D L U Z W V S S T K G A T J X Y B
D Y F Z S K Z K Z E A V P B R G G G G
I U Y X F U E R M T G D F M B L L X L
R B B J J J A J A V A N Y V I O J T Z I
S V Q E T A C I L A Q F O E B V L W D
T D M Z M A W A S M M P H K T W P Y N
```

01. ALICATE
02. APRIETO
03. CLAVOS
04. DESTORNILLADOR
05. ESCALERA
06. LAPIZ
07. LIJA
08. LLAVE
09. MADERA
10. MARTILLO
11. NAVAJA
12. NIVEL
13. PEGAMENTO
14. REGLA
15. SIERRA
16. SOLDADOR
17. TALADRO
18. TORNILLO
19. TUERCA
20. YUNQUE

___ ANVIL
___ CLAMP
___ DRILL
___ GLUE
___ HAMMER
___ KEY
___ LADDER
___ LEVEL
___ NAILS
___ NUT
___ PENCIL
___ PLIERS
___ RAZOR
___ RULER
___ SAND PAPER
___ SAW
___ SCREW
___ SCREWDRIVER
___ WELDER
___ WOOD

FIND THE 40 WORDS AND MATCH THE NUMBERS TO THE TRANSLATIONS

01. ABRELATAS
02. BATIDORA
03. BOTELLA
04. CAFETERA
05. CAZO
06. CAZUELA
07. DELANTAL
08. HERVIDOR
09. MORTERO
10. NEVERA
11. OLLA
12. PARRILLA
13. PELADOR
14. PIMENTERO
15. RALLADOR
16. SACACORCHOS
17. SALERO
18. SARTEN
19. TENEDOR
20. VASO

___ APRON
___ BOTTLE
___ CAN OPENER
___ CASSEROLE
___ COFFEE MAKER
___ CORKSCREW
___ FORK
___ FRIDGE
___ GLASS
___ GRATER
___ GRILL
___ KETTLE
___ MIXER
___ MORTAR
___ PAN
___ PEELER
___ PEPPER POT
___ SALT SHAKER
___ SAUCEPAN
___ STEW POT

```
X M I S H C N G O G A G A U B F Z H S
E P E A V J C E L T T O B H I H N X D
I Z A A H M C R V V T V B T F O G T I
M R Y R C O F F E E M A K E R T W E Q
K T O P R E P P E P R K K S D C X E J
X V Z R E I D U F T D A O H A A I Q C
D J Y N K C L X W C V K R F P V W M K
R O X P A R E L A Z K E E M R S D T P
G R R O H U O Z A C L T L S O W Y C I
L E N E S S U D C N E T A F N N F E I
D X D T T E A O A R D L S K K R P K T
U I O S L N R P A L G E M E X B P T P
V M X A A K E B U H E O T G T A Q D A
Q O O I S C I M O P A P Q A M L V U I
E R Q C U A A T I T D X P B G T C E X
W T R A P S V C X P E O X R N G V J B
K E S K E S W S O B D L C E L Z J E D
W R J P E E L E R R N V L L W L C D G
W O O U V R A O R E C J B A B P X R H
Z S V F E O T E T O L H X T N O I K W
H T T T I L N R N E K V O A D L P E G
G L A S S E A Y A R F I P S L P X I E
C R I L P S L S B T O L N O H R G Y Y
G T T O P W E T S U R D M S N G M Q A
D O N A R O D I T A B O I A W C U U W
R A L L A D O R B F C O M V R L B E M
C U L L I G P L H F U E P A R Z V W N
Y U M M A K V W L Q F Y I G O E N M K
W L L A T F K O G R N V Y V Q D H D I
N B B Z O K G M I T D R U Q K B L U L
Z C K O E L Z D T I K X T H Q J I L S
I G I M T B G E X E B S K J P P Z R Y
C D N T T E N E D O R C L K Y G N S R
```

FIND THE **40** WORDS AND MATCH THE NUMBERS TO THE TRANSLATIONS

```
X U O L M L V J B P B B G C V K G W G
U I E V S B X S Z N Y B G K X C B F Y
N C T R F W G L V Z Q Q Q Z X P G L F
J O M U T M M F B X L H L P B N F E F
O J O R R I T E P Y V D W E C V U C R
L G A T S T U A I Q C Y J X K A U W K
J D A D A A L B U E O E D L R V C G Z
X L R R P K I E O U H E W V S L L Q Q
N J Z W Z K C B D E K C N L J C M M W
P Y T E L A U O Y O G W C L E F Z L V
E G N O V L L C C S V I B K G N B N B
Y A G H U X U L I U T E U E S Q F L P
J U Z P U C A G U I L A L I B U A D P
K F V A H A A C A R R U I S Z Z J L S
T R T L W J O N I E G E I L W O V B Y
D B U O M S O E C S S U P T O F A I U
G W C M W E K N E E N X X V R H W K S
Q U A A G A I A Q K W E T D C A N S D
C J N I C B G R L X W B U H O I X W X
A P P D O A V C E L G A E E L R A A F
X A D R V D T E H Q L R H N I P N L X
R T N I Q T C U C K O O P F B I I L A
P I O B T A S Z A N J C M P R R L O D
J T C G O R R I O N U J A D I R L W O
A D L N W X E V Z K F N W H A A F Q
L S A I H L U B R W O O O X P U G T A
V O H M Y L U V O Z L K C E R K K P G
S D A M T T O R T O L A R V Y R C I Y
B K F U L S R S G F Q S P J S A X W T
L N R H I A J H T K W C V S E O P M D
T E E I P G A M D I Y U C D G L W Y B
E E D S W U D R N N I S Q K N I L E P
E B Z D L K V X O L J R F B J N W X J
```

01. AGUILA
02. BUHO
03. BUITRE
04. CACATUA
05. CISNE
06. COLIBRI
07. CUCO
08. CUERVO
09. GALLINA
10. GARZA
11. GAVIOTA
12. GOLONDRINA
13. GORRION
14. GRULLA
15. HALCON
16. PALOMA
17. PETIRROJO
18. TORTOLA
19. TUCAN
20. URRACA

—— COCKATOO
—— CRANE
—— CROW
—— CUCKOO
—— EAGLE
—— HAWK
—— HEN
—— HERON
—— HUMMINGBIRD
—— MAGPIE
—— OWL
—— PIGEON
—— ROBIN
—— SEAGULL
—— SPARROW
—— SWALLOW
—— SWAN
—— TOUCAN
—— TURTLEDOVE
—— VULTURE

FIND THE 40 WORDS AND MATCH THE NUMBERS TO THE TRANSLATIONS

LOS PIRATAS / PIRATES

01. ANCLA
02. BANDERA
03. BARBARO
04. BARRIL
05. BATALLA
06. BRUJULA
07. BUCANERO
08. CALAVERA
09. CICATRIZ
10. CRUELDAD
11. ESCOPETA
12. ESPADA
13. ISLA
14. MONEDAS
15. MOTIN
16. PARCHE
17. PELIGRO
18. RON
19. RUDEZA
20. TESORO

___ ANCHOR
___ BARBARIAN
___ BARREL
___ BATTLE
___ BUCCANEER
___ COINS
___ COMPASS
___ CRUELTY
___ DANGER
___ FLAG
___ ISLAND
___ MUTINY
___ PATCH
___ RUDENESS
___ RUM
___ SCAR
___ SHOTGUN
___ SKULL
___ SWORD
___ TREASURE

```
S J C B J E H N O C C Z E O V Y D J T
L D T B M R E C R O Z Z U E H U B I Q
X N A N U U U A G I O V N D J V Q B W
J N B D X S B L L N L M W K J S Q Y V
L U C B L A D A P S E M M R U M Y V K
L H N K A E U V T G V C C M O R T Z K
U W D J R R U E Y T Q Q D B E L O U K
K E I A E T B R Y J L I Z P R I C N R
S P C J D H O A C A M E Q S X C E B H
Y S S E N E D U R R C D Q U V S I I A
F A A C A A A U N I T O M O H D K I U
V D D P B I D M C S A U Q O P A Q N C
Z E Y G M R S A Q T F N T P A B X E Q
N N W B W O T L E C S G M U H O I Z Q
G O Y N H R C P A A U B A V Q O X O G
F M R E I U O B Z N G A D L Z G R Z I
J K O Z O C G E A P D R M L F H E Y E
V M W A S R D S S T O R W I A C A F J
G N X E J U A D J W A E S J H N M J F
O S M Z R E S B S E Q L J D Y W V H U
B R U J U L A W R L A M L W X J Z B E
W P T K G T B K O A V J A A T F Z H V
I Q I L W Y T N Q H B N L H Q K L J V
C N N D S E C X G A C I C W S W P Q R
P T Y U S G F D R W K T N K S Y R Q U
C X P O W U F R O H C N A B U H S N I
Y J R W E R I R N Q W S K P L Y G W P
O O R G I L E P P D R I F S M D P L E
Z Z J D A N G E R O N A F J J J F Z Q
S Z I P A R C H E F R U K W J A M X P
Q V Z C I C F Y I G L V O R B V G B C
H D U U W J E Q O D W L U O U J Y C F
M B U C C A N E E R Z K Q F G X S E F
```

FIND THE **40** WORDS AND MATCH THE NUMBERS TO THE TRANSLATIONS

```
A R E D N E R P A M K O K G Z L J D V
K C W V V W S D W M J V W J V M K P D
R A E T I U L T V O P I S D H D V D R
O T P T F H K C U W Q H T E B R A O W
E A M W O D C E F D G C I S H A N U L
D L O A D I D R M P I R L T W Q U E N
M O I I E S L I A V G A T A S E N G W
Q G D D C I Z B C N D U R N Z Q B D Z
D U Q E N N W E I C O T D T R L A E A
O E N P E F E S J B I H U E D W C L Y
A A R O L S I L S Y A O V R H N E W M
H S G L I E K C I U R R N I X W M O K
Z J L C S X X O T S M E Q A M Q T N Y
K Y F Y E E A O O I A K T H R N H K W
D H X C D G R G S B O P D S E I T J C
P E W N P B O T F R E N V I Y T O P C
X V I E V L E R J R U Y M L H M S E P
I A I F A R G O I B H I R Z R W T X N
X N F T I W D O D K C Q J H M A U K S
E Y A O S S D O R O B P D I W N D A A
P C O I R I L E N K N I J F L D Y Y L
I N D I C E P O W O S J O N B X T O V
W C A O W A C Q V J T Z D G R X H T L
A I Z V P B E E D N A I T B R Z H O O
T F N S H E L V I N G D T H J A X G G
H R W C G A S D T A A V P L L U P O X
Y E N C I C L O P E D I A K E U B H L
N E Z H H N L F R T H J F H J F J I Y
S L H N L E V O N I A F A L B G B S B
R T V W A U T Y Y T E M L I B R O S P
L I B R A R Y W U U O M J U N N T Q C
K B N O I C C I F L T D F Q E C O O N
Q F R B J Y R A N O I T C I D O Y X Z
```

01. APRENDER
02. ARCHIVO
03. AUTOR
04. BIBLIOTECA
05. BIOGRAFIA
06. CATALOGO
07. CONOCIMIENTO
08. DICCIONARIO
09. ENCICLOPEDIA
10. ESTANTERIA
11. ESTUDIAR
12. FICCION
13. INDICE
14. LEER
15. LIBROS
16. MISTERIO
17. NOVELA
18. PERIODICO
19. SILENCIO
20. TITULO

___ ARCHIVE
___ AUTHOR
___ BIOGRAPHY
___ BOOKS
___ CATALOGUE
___ DICTIONARY
___ ENCYCLOPEDIA
___ FICTION
___ INDEX
___ KNOWLEDGE
___ LIBRARY
___ MYSTERY
___ NEWSPAPER
___ NOVEL
___ SHELVING
___ SILENCE
___ TITLE
___ TO LEARN
___ TO READ
___ TO STUDY

FIND THE **40** WORDS AND MATCH THE NUMBERS TO THE TRANSLATIONS

01. AMAZONAS
02. ARAÑA
03. BIODIVERSIDAD
04. DEFORESTAR
05. ECUADOR
06. EXTINCION
07. GORILA
08. HELECHO
09. HOJAS
10. HORMIGAS
11. HUMEDAD
12. INDIGENA
13. INSECTOS
14. JUNGLA
15. PALMERA
16. PIRAÑA
17. PUMA
18. RANAS
19. SALVAJE
20. TROPICO

___ AMAZON
___ ANTS
___ BIODIVERSITY
___ COUGAR
___ DEFOREST
___ EQUATOR
___ EXTINCTION
___ FERN
___ FROGS
___ GORILLA
___ HUMIDITY
___ INDIGENOUS
___ INSECTS
___ JUNGLE
___ LEAVES
___ PALM TREE
___ PIRANHA
___ SAVAGE
___ SPIDER
___ TROPIC

```
Y T I S R E V I D O I B S J E I V C W
X Q W Z Y G O R I L A P M Z C K E O N
I E S A N O Z A M A S J N F U V D U U
I W T I Y E M T T P X X Q H A A L G D
A E C I H X O S P G K Z M N D K A A J
R H E A N T S E S W D O M I O L D R R
X U S R P I D R H S Z K S S R E D X G
J Q N B K N W O Z K R R D J M E T M D
K E I V W C H F M A E N L U V L U C N
A X X F A T K E V V V D H A M W P U I
A H L T E I N D I G E N O U S T I O E
R H O I I O T D Q G V V P E A K K K O
A E G J U N O S E V A E L R N A S L N
Ñ E D X A I C F E L Ñ K I B A D I O R
A E Y I B S A I K E A I R U R B E Z U
U B J T P L N G O G R Y U B O J L D G
K Q Y J I S E X S N I T W I U I T H G
S N O H E D G H H A P B M N S S Z G A
Q Q P C H C I P O R T E G L S H S C Q
N Z T A S U D M S X P L T L A X L Q Z
H O L F L D N O U L A H E M L P W K I
S O Z S Q M I Q K H E G U D V B B A Z
K J B A Y O E I O L A P X K A N C U C
A P D U M R Y R E V A W Z J J D D I Q
V P Q E Q A M C A H E J O S E X I W H
S G O R F I H S N F R A J T B Y D O U
I Q X E G O W A F Q A X L U X E Q D B
Z X R A R T R O P I C O Y L N L V L M
T N S T N I K E U N M W O G I G S W C
Y L U Q P U Z U S M J C R Z X R L U J
B D V U T E Q U A T O R X N A N O E A
K E V I L D K Y P Q X B I W G R O G R
T N D Z Q V A U V C J V U J M P F N I
```

FIND THE **40** WORDS AND MATCH THE NUMBERS TO THE TRANSLATIONS

```
S N L R Y W O D V D J W N M B E P T Z
Q A D V E N T Z F I G K E K D B E V V
R D G R E I N D E E R Y C V E Q E E P
C A G A C C E L E B R A T I O N N N N
V L S Y D F I R T R E E K L H D U R P
A B U P S V M B R O U D W L B X O E E
L T F C A D I W O N S S I A G X F L W
L G E C V P C E N T Y G S N G U D G N
E F N R I R A C N P E T H C R S B M N
R S N Z E C N N B T O B F I E X N O Q
T H O I V D H M O N O I A C H I I B H
S K I L U A N R C E L B M O T C L H X
E N C E L T Y A I D L V I X A Q M M C
T C A F A E R B P S L R L N W M H Z Q
J B R L N A M E T Q T I I M L R A V K
T G B B M V Q A C B P M A T Z C F J Z
N D E E J V R A C C U I A S C A X C J
C M L B M T L M O L T S S S U M O Y F
C O E V S C V R I E E T O J C P N P E
R A C I E U E P F X S L E C Z A E U M
D S J T V V A W J S N E M A K N R F B
E P I R S O Z L V N O T D L D A U O K
E N A C Y D N A C O I O G P A S Q H L
H G Y A N D Y P P A H E V Q J Y T I H
B E L C A R I M N E T E V G R R H O T
C D O C H Y U B U P A N N E I D R D N
X X K G L E Y E F Q C I A B Q G V Q E
T E N I R U O B M A T F R S A X F V T
U S M D U W O W M H E L S L S L I W G
N A A L V E H E G X Q T I A B M B U W
F G S T P L L I W K M M U K O C O G T
O B E L L S L P J J O T B M N G Y Z N
J D H A Y U J M C X B H Y H A R O Q F
```

01. ABETO
02. ADVIENTO
03. BASTON CARAMELO
04. CALCETIN
05. CAMELLOS
06. CAMPANAS
07. CELEBRACION
08. DESEO
09. ESTRELLA
10. FAMILIA
11. FELIZ
12. ILUMINACION
13. MILAGRO
14. MUERDAGO
15. NACIMIENTO
16. NIEVE
17. PANDERETA
18. PAPA NOEL
19. RENO
20. VILLANCICO

___ ADVENT
___ BELLS
___ BIRTH
___ CAMELS
___ CANDY CANE
___ CELEBRATION
___ CHRISTMAS CAROL
___ FAMILY
___ FIR TREE
___ HAPPY
___ LIGHTING
___ MIRACLE
___ MISTLETOE
___ REINDEER
___ SANTA CLAUS
___ SNOW
___ SOCK
___ STAR
___ TAMBOURINE
___ WISH

FIND THE **40** WORDS AND MATCH THE NUMBERS TO THE TRANSLATIONS

01. ABRIGO
02. ARTICO
03. CALEFACCION
04. CHIMENEA
05. CONGELADO
06. DICIEMBRE
07. ESQUIAR
08. FEBRERO
09. FRIO
10. GLACIAR
11. GORRO DE LANA
12. GUANTES
13. HIELO
14. MANTA
15. NAVIDAD
16. NIEBLA
17. PATINAR
18. TORMENTA
19. TRINEO
20. VENTISCA

____ ARCTIC
____ BLANKET
____ BLIZZARD
____ CHRISTMAS
____ COAT
____ WOOL HAT
____ COLD
____ DECEMBER
____ FEBRUARY
____ FIREPLACE
____ FOG
____ FROZEN
____ GLACIER
____ GLOVES
____ HEATING
____ ICE
____ SLED
____ STORM
____ TO SKATE
____ TO SKY

```
G I X O R C W F H Q F K I M N E C X I
H U Z P M G O D R M H Z S H H Y G T V
J W O H P A N A F B Y T N O U A D E O
V U S Q S O C I T R A A D P S Q G E B
R T L K G U A N T E S J J R C C L O C
X A H B N A V I D A D M T H T V A S L
F O N A N V F Q C L E I U O E E C N D
H C J I T F I Q K I O H C H R F I J N
G Q S W T N R P Q U E C G I Y X A C A
X M C P O A E I Q Z Z O K E E G R L L
T E G F B O P M O Q R E F L U M E E W
C W S L W Q L D R R S N I O L T B B S
X A W Q T U A H O O Z I Z F B N M R L
J B U H U L C D A P T R C W K Y E U E
J R L P E I E M J T I T J R Y T C A O
N I F G U L A G Y C B Y L W V G E R B
G G N E A Q C R B K D X S Y K Y D Y R
D O X N X S S L X G S L N Y F J L H Y
C S A M T S I R H C E O Q I O A V U J
F A B O D Z T G J D V K T U I V L V M
W R R P Z T N A F Z O I E W N U D G A
H M O A V T E K N A L B A W G U F Y G
U B R Z F N V C Q J G Y J R F Z B K K
H D E C E T A K S O T A Y Y A B E C F
K W A M A N T A F T O S T X F Q R G O
E C I M A I V Z G R J C L Q A T C F G
M H A E Y C A L E F A C C I O N Q B A
C Z H R Y L A R C T I C E V M C X U P
U X L V B C B C G X W J B D Z K P D U
V Z G E I E H U E Q X H S X S S N P M
G P I E F S S O U Y V L V P O Q O M T
E N R D Z M F I C Z O I G Y U O N W O
H T Z W Z I V A N Q S B A C E A K O Q
```

FIND THE **40** WORDS AND MATCH THE NUMBERS TO THE TRANSLATIONS

```
K X R D O G H U Q C R V A K C Y P M D
S A M A D H J X L M T I Q E O J A N A
M U B D C L S C E B J O B G P J C D R
O C R J Y K S C R U D D V B O D V N T
W P U Z Z L E C N I P R X H N R F E S
E V S Z Q H H T C O P O B M O N P E B
G M H M C X C O T D L L B M S P R E N
P I B U L L S E Y E L L P Y U R Z G A
L Z L E E T Z H K P B E Y P J H S F Q
B E G D U A C O M I C R O P T N I R G
P B I M A T E U Q A R S B Q L F D A Q
V L E B N A G O B O T K I V K H F Y M
S H M D P F A E D K L A S I L O B G X
Z A W D R A Z Z F W U T T A J S E X K
E J R Y H A T L N U T E C U M K R P W
K E Z U S T U I L O V S M O P M S S I
Z D B S T E C G N U E V R S H K G S O
S R O O N N B X H E Z P F F W W E N F
Z E Z V A O I A F T S H C Z B F Y J P
S Z Z L N I Y P T R S W N L B U L T O
L O A C T R L A G E E Q O Y F Q Y C V
F B R I I A M B R K M Y Z T H T B K T
I O F C F M I O Z C F O D J C K H L T
I L S N A A Q T Z O L I C A C L Q J A
S G I Z Z Z S O D R A D C O Y J V O O
I X D T T X Q P B N Z W P P D E R A X
F Q D X E R T R A A N E W O K X U Z Q
G F M K Y F F E Q H L W C Q E T C G L
R U M D D K O L B O W L E M J T D E V
V K Z J Y C I A T E D D Y M Q M Y I W
X Q C T O J B A L L O O N K W J E W L
D S U T L C Y P O P Z O V B U D D B X
J Y R U U H W R D C E K Q A B E E A D
```

01. AJEDREZ
02. ANTIFAZ
03. BALANCIN
04. COMETA
05. DAMAS
06. DARDOS
07. DIANA
08. DISFRAZ
09. GLOBO
10. MARIONETA
11. PATINES
12. PELOTA
13. PELUCHE
14. PEONZA
15. PINCEL
16. PINTURAS
17. RAQUETA
18. ROMPECABEZAS
19. TEBEO
20. TOBOGAN

___ BALL
___ BALLOON
___ BRUSH
___ BULLS EYE
___ CHESS
___ COMIC
___ COSTUME
___ CRAYONS
___ DARTS
___ DRAUGHTS
___ KITE
___ MASK
___ PUPPET
___ PUZZLE
___ RACKET
___ ROCKER
___ ROLLER SKATES
___ SLIDE
___ TEDDY
___ TOP

FIND THE **40** WORDS AND MATCH THE NUMBERS TO THE TRANSLATIONS

01. CELULA
02. CELULOSA
03. CLOROFILA
04. ECOLOGIA
05. EMBRION
06. ENZIMA
07. EVOLUCION
08. FOTOSINTESIS
09. GENETICA
10. HOJA
11. NITROGENO
12. ORGANICO
13. OVULO
14. PLAGA
15. PLANTAS
16. POLEN
17. QUIMICA
18. TALLO
19. TEJIDO
20. TOXINA

___ CELL
___ CELLULOSE
___ CHEMISTRY
___ CHLOROPHYLL
___ ECOLOGY
___ EMBRYO
___ ENZYME
___ EVOLUTION
___ GENETICS
___ LEAF
___ NITROGEN
___ ORGANIC
___ OVUM
___ PHOTOSYNTHESIS
___ PLAGUE
___ PLANTS
___ POLLEN
___ STEM
___ TISSUE
___ TOXIN

```
F A R A J R T X Q V B Q Y Y N G A R R
J H L C I N A G R O F N I Q Y N V T D
O A E U G A L P Y C Y Z E T J Y J F N
T A R C L V L S Q I O Y M V V N D F B
X G Z G W E O G A N B A Y B O C Q R N
C M G A V J C N V A P Y Z G Q E T B A
O Z B Q P S I O J G E F N S S L M D B
C P R L Z X N I T R O G E N O U W O Y
R N B G O E Q C E O Q X O A S L O R J
O E L T W X U U V M X B B Y P O T X I
D L E A F N Q L O H U K B A F S H Q X
B O X B O J E O L V B S Q O I A E T D
K P D W M V U V U H K V T M W S S L L
T O X I N A S E T L T O E E D A L C I
K S O B J P S U I C S H R M M K L D M
C R I V Q E I E O I C O I B Q Z T G X
A L Q S C I T E N E G J E R S Y L D B
F C O I E U Y T C J B A D I G B Q Y M
V C I R X H E E L L Y H P O R O L H C
I R Z M O S T N C U W S S N I P W Q B
M G D D I F I N Z O R C N X Q O J R T
N U O S F U I E Y I L L E C W D F L P
C D V G Y E Q L D S M O F X Q N K I K
C E C O L O G I A F O A G X Z E M U U
X Z L D E K O C P D N T L Y C C D B X
S R Z L S L I O A I R U O R R D G N G
Y V G K U T L W T M N Y F H H A G K A
Y O O V E L P R P G R P D L P W D J U
X C O N E L O L C B G Y R U X Z Q D O
X T E N A G A S M X G K Y J E K Y M B
F G R G E N Q E E X J V U M X O O R U
P L A N T A S A W K S B U X K U S N T
K Q N S E J I D U L V J Q O M P A W D
```

FIND THE **40** WORDS AND MATCH THE NUMBERS TO THE TRANSLATIONS

```
V T L G P A Y E V H L I E Y A O O G C
E T C I B A K P Z T Q J K K I U R U R
H T A E R B G V C S Y C F M I X U O A
A E R T P X T G N S O W P I K B W I A
T T E I U S Z E X D A S B O P I S R D
D A L B Y X U K L I L B P P B N I A C
X K O O T A K S W E M E O E O H Z T D
D L B T B U L H A Q M L X R C F L I I
G K D Y M C W O Y D O O D A I H C L U
B I M H V C U H C N S L A R N G O O W
F Q T H K A D L E O E R E I A J R S M
G U L Q H M Y L I I U F X O G G B Z O
X O X J Z P Y R F C O P K B U C A J W
R Y I C Z O U B O A V W C K N K T F S
B E S A B F C L X N F N S U J I A B R
N A T N O I T A N O D S X F J L T O N
L I L A W F E G L D N A Q I N G Y A A
E X Z L L Q U F M O H P U S V V V Q H
A A L L I U Q R O H P V W V O U N E Y
A L I E N T O A I O H N X S P J L C E
E C S C G V R V R O A G R B R P K S V
J J Y Z A R C O T C U I O O K Q Y F Y
L W R J L W I T T S W S A R H R P N S
Z W Y C L R D Q C H M K M H Y I S I H
L E T R E R O O T A O I J V J Q Y Z G
Z J F T Y X L N D P J B I K G G I J P
P C S T R A I N E R D E B Z O U V M L
F O R K D L E R N A V N N Z I Q V Q H
P Z K O P S A J J J G Z A L G B B I F N
V C R G S T V S K P I D W D G X N E Z
F L A V O R D J Z U N U Z R J K V D W
R E D R O M Z K O E G E N M G G X R Z
P Y Y N W Q R V U L J I I H J V A S U
```

01. ALIENTO
02. BOCINA
03. BOLERA
04. CAMPO
05. COLADOR
06. CORBATA
07. DONACION
08. FURIOSO
09. HORQUILLA
10. LETRERO
11. LOCO
12. LOCURA
13. MORDER
14. OPERARIO
15. POSTERIOR
16. SABOR
17. SOLITARIO
18. SOSPECHOSO
19. TORTILLA
20. ZOCALO

—— BOWLING ALLEY
—— BREATH
—— CRAZY
—— DONATION
—— FIELD
—— FLAVOR
—— FORK
—— FURIOUS
—— HORN
—— LATER
—— LONELY
—— MADNESS
—— OMELET
—— OPERATOR
—— PLINTH
—— SIGN
—— STRAINER
—— SUSPECT
—— TIE
—— TO BITE

FIND THE 40 WORDS AND MATCH THE NUMBERS TO THE TRANSLATIONS

01. ACORDEON
02. ARPA
03. CLARINETE
04. CONTRABAJO
05. CORNETA
06. FLAUTA
07. GAITA
08. GUITARRA
09. MANDOLINA
10. PIANO
11. PLATILLOS
12. SAXOFON
13. TAMBOR
14. TECLADO
15. TROMBON
16. TROMPA
17. TROMPETA
18. VIOLIN
19. VIOLONCHELO
20. XILOFONO

___ ACCORDION
___ BAGPIPE
___ CELLO
___ CLARINET
___ CORNET
___ CYMBAL
___ DOUBLE BASS
___ DRUM
___ FLUTE
___ GUITAR
___ HARP
___ HORN
___ KEYBOARD
___ MANDOLIN
___ PIANO
___ SAXOPHONE
___ TROMBONE
___ TRUMPET
___ VIOLIN
___ XYLOPHONE

```
B P Y Y B I F V N P F O N H J H Z K R
S N I E I A V Z M K V W L U D L L S L
I K M A W P G I S O G W B F Z H C F D
Q H O R N M B P O U F W R J D K O N P
N D S N A O Q N I L O I V E I X H O T
O X Q Y C R X T U P I N Z T M A O R Y
F C P E C T A T W X E N X E E G P J U
O Z P F O R E I Z F U Y C N O V Y H X
X C L A R I N E T N L F O I Q A J Q C
A L V A D W Q M I O U H R R Z V Y G S
S O L L I T A L P X P N N A E N I I T
J A T W O C O H Q O B K E L X D X U S
X X N Z N D O T X X M U T C Y H V H P
G F D O N N R A A D A J A L Y O F E K
K B M A E U S V T M N P X H Q L N A S
T O M E M D W Z I E D W T M O G T Y X
A T E P M O R T A O O V O G J D X Y E
M D E N H W J O G O L L E C Q R Z X L
B T N S O R X A C H I O I E S A F N S
O A Z J I B V I B A N M N B V O T T E
R R P E O O M M L A A B W C D B I V W
A H T R O M B O N O R X X A H Y Y E F
F T S W A S D H R H F T V Y A E F P D
Q G U I T A R B B T E O N E R K L D I
E U W A L G E V Z N I J N O P V I O C
S J E C L U H Z R Z P E C O C T Q Q Z
S H E P I F L O V D X C Y E W O T P D
A T L A A K C K C H Y B X A S H M U E
K H U Q F M E B B M Y I O D Z W C S F
V S Q M U C B F B Q Q U M S U V B D T
N N O R E O N A I P O Y K P N X Q K C
A W D O U B L E B A S S H V A J L G W
N V K H Q S U T W R F D S I H X Z C H
```

FIND THE **40** WORDS AND MATCH THE NUMBERS TO THE TRANSLATIONS

```
F C A T H E D R A L L A C O L E G I O
D M L L B I H O W G O B W A G A X I Y
J W O A R O G I M W J J X S C W O K T
N O I T A T S H U C P P R Z S T B H Y
D H B I N N K A S A C A L C O X L A D
V P O P L E F T R C Y X F M B O B L R
R I O S E M I K A U H L Z A O O A H T
A K F O V U I M N N T O N A B P L R H
S F S H A N Q T A U E K O R V R L Z C
C I M A G O A S G C K L E L K E I K W
A N T J S M R S O B R P S N M W P C L
C D Q U I R M L E M A A H W M O A U A
I U N E N W Y O W R M N P M U T C M G
E S N E R I J L C U R J C A S I O E P
L T I K I U V S N J E O D O E N B Z A
O R Z L G V V Y E C M P D T D U C J Q Y
S Y G V A K I A R C U F U M M P B U X
X B J R S T W V I S S M E N Y A C I W
L S H U O Z I T G A I N H L I K Q T V
L W J M W T Y P L E T T O D Q Y S A D
Y N J X J H V L S Z P O Y M A L N W L
J P P Z A C A U B O H D N U S E Q Z O
A L A L Q R O L T C H E W S Q F O Z E
L Z L L D H X U S N I W D E V M Q Y C
E Y V E J C T X Y K X C H O L C R J C
P Y T U N I V E R S I D A D T L X G S
J A I R T S U D N I G I S P F W I D K
C T E S T A C I Ó N A Z K S R B P N P
S U N M L V F U V F L U K X F C P K G
B I S R W M O D A C R E M R E P U S D
V H C A J Z O P A N V W R A H W S P D
W G M T M U K S G U N I W M S P E F P
E D C H A P E L I Q Y R O T C A F B Q
```

01. APARCAMIENTO
02. AYUNTAMIENTO
03. BANCO
04. CAPILLA
05. CASA
06. CATEDRAL
07. COLEGIO
08. ESTACIÓN
09. FABRICA
10. HOSPITAL
11. INDUSTRIA
12. INSTITUTO
13. MEZQUITA
14. MONUMENTO
15. MUSEO
16. RASCACIELOS
17. SUPERMERCADO
18. TORRE
19. UNIVERSIDAD
20. VIVIENDA

—— BANK
—— CATHEDRAL
—— CHAPEL
—— CITY HALL
—— DWELLING
—— FACTORY
—— HIGH SCHOOL
—— HOSPITAL
—— HOUSE
—— INDUSTRY
—— MONUMENT
—— MOSQUE
—— MUSEUM
—— UNIVERSITY
—— PARKING
—— SCHOOL
—— SKYSCRAPER
—— STATION
—— SUPERMARKET
—— TOWER

FIND THE **40** WORDS AND MATCH THE NUMBERS TO THE TRANSLATIONS

01. AIRE
02. BASURA
03. BATERIA
04. CHATARRA
05. CONTENEDOR
06. DESECHOS
07. DESUSO
08. ECOLOGICO
09. ENERGIA
10. ENVASES
11. LATA
12. ORGANICO
13. PLANETA TIERRA
14. PLASTICO
15. RECICLADOR
16. RECOGER
17. RESIDUO
18. REUTILIZAR
19. TELAS
20. VIDRIO

___ AIR
___ BATTERY
___ CAN
___ DISUSE
___ DUMPSTER
___ ECOLOGICAL
___ ENERGY
___ FABRICS
___ GLASS
___ ORGANIC
___ PACKAGING
___ PLANET EARTH
___ PLASTIC
___ RECYCLER
___ RESIDUE
___ REUSE
___ SCRAP
___ TO COLLECT
___ TRASH
___ WASTE

```
A A X Z X P C I C V W S I X W X R X I
W I Z C C R H E R F P B J T I C E N F
G R V T X O A V I D R I O J L E G L K
S E V J S C T A T H Y O V N C R N R L
H C Q D S I A Q T S W H I N V F I W P
C O R A K G R G Y A M V T T O X G I O
R G L A I O R K N R L A M G H Y A T T
L E J P P L A N E T E A R T H F K Y V
T R L E R O D E N E T N O C B C C D Q
X J Y C N C S V E S U E R C L K A X I
G P V M Y E W C R M L Z U J V Q P Y O
C L L F C C R F G Z Q S G C Q L R Q T
G C H A I R E G Y V D P Q R A I C F Z
H Q N L S U U R I G X H F N P T I P S
J Y R D O T T A T A Y M E E E I Q W V
F T R R E S I D U E G T W P U F B G N
J K T E A A L C Q O A U R H M D N R G
L X S Q T S I S O T G S C B J K M H
X D E I A T Z R I R U V I K T J R I X
L X F H I R A E E R R A T G A O G F H
O U D I S E R B A T K B S M D U D R Z
M M Q N R R E G T D A J A A Z Y V W T
M N F S A N N C I C V B L S O N Y C V
T Y F S V N I S O A E C P D N I T L T
E T S A W N U C A L I L A R E F C T K
G G S L A S I D Z C O R L G U S J C J
E E J G E N U H E I U G B O N J U Q E
S U R V A M S R G S V Z I M C T Y S S
B O J G P E C O A O I Q M C R O F T O
F G R S C I R B A H O F T A N T F I
F O T S J W X L O E K S J U O L V Y Y
D E S E C H O S H X E R S K E G U M N
R X K I J B L H D R J C O D L S P S N
```

```
T M O S F C R H B U A L X R S E S C K
Z Q T Q F P M Y N T K P M S A H Q X H
J G A E A W Q X P A N C E A F R Q W A
O Z J J L W L Z A N T V D I A X B I L
T N I E D E B N V I R O I M G Q D D U
U M A A A R C T O D O G A W L Q O C J
K B U F A N D A F R U M S O A B Z A V
R X O G U X S S R A S W C T S X S X W
O A A J E S U O L B E C A C S R Q Q U
U S S H P S V M Y A R W R P E K M U I
O D H I O F K Z T G S C F D S J I T K
T I U S M I W S K S O D N X I D E N Q
P K T N T A H C G Z E E Z V F O V Z C
M D C I I I C B S Q P V U U T Y O T G
Y S V O R N G O L S V Y Q K E M C M U
L I Y T R A M H U R Y H R A X V T M D
G V S H A B N S T D C M D I J Z Z W F
B Y J Y R U A T K S E Z G J U L S Z K
C Q J E E H A T E C N S H W N O Q T W
C R R O D P S U A S L G O D M K N E C
G O N V A Q U E R O S L R P R S M J H
Q D W C D Z L E N O Y S M A S F K O J
O A R B U P B J J O P C O E M G P B P
I Ñ E F S H I R T A L C O R O K H K M
U A O K B P U L S E R A I R S R D B V
Z B I P D D H T Q H E T T U T N W K Q
Y R N E T S O S I U S A I N K B H Q C
T A T A O C H C N E R T K B A Q J M X
T V O A E Z D R I R M F M P K P H M M
H N B L I V R T O P Q T M A X W S Z Z
K U A N W Q N G W I X V L P V Q Q R G
V H I E X A T O S Z C O W K B C P H X
C D R I P E Y X E N Q K I P B B W M U
```

01. BAÑADOR
02. BLUSA
03. BRAGAS
04. BUFANDA
05. CAMISA
06. CHALECO
07. CORBATA
08. FALDA
09. GABARDINA
10. GAFAS
11. GORRA
12. MEDIAS
13. PANTALONES
14. PULSERA
15. SOMBRERO
16. SOSTEN
17. SUDADERA
18. TIRANTES
19. TRAJE
20. VAQUEROS

—— BLOUSE
—— BRA
—— BRACELET
—— CAP
—— GLASSES
—— HAT
—— JEANS
—— PANTIES
—— SCARF
—— SHIRT
—— SKIRT
—— SUIT
—— SUSPENDERS
—— SWEATSHIRT
—— SWIMSUIT
—— TIE
—— TIGHTS
—— TRENCH COAT
—— TROUSERS
—— VEST

FIND THE **40** WORDS AND MATCH THE NUMBERS TO THE TRANSLATIONS

01. ATENAS
02. BASILEA
03. BURDEOS
04. ESTOCOLMO
05. FLORENCIA
06. GENOVA
07. GINEBRA
08. HAMBURGO
09. LISBOA
10. LONDRES
11. MARSELLA
12. NAPOLES
13. NIZA
14. NUEVA YORK
15. OPORTO
16. PRAGA
17. SEVILLA
18. TOKIO
19. VENECIA
20. VIENA

—— ATHENS
—— BASEL
—— BORDEAUX
—— FLORENCE
—— GENEVA
—— GENOA
—— HAMBURG
—— LISBON
—— LONDON
—— MARSEILLES
—— NAPLES
—— NEW YORK
—— NICE
—— PORTO
—— PRAGUE
—— SEVILLE
—— STOCKHOLM
—— TOKYO
—— VENICE
—— VIENNA

```
B P Y T W S V I U A C A L G I F B L Y
I Y K F D A O I N H P E U Y B N G B L
X P P R A G U E E A Y L O P O G C R Q
S G L J W O W F D N X I W S Q B C W N
A B H M Q Y V J O R N S J C G L Y G E
Q A O A O B S I L E U A E P I Z H O X
T Q V R M V F W E N P B M J Z I U V M
E N K S D B R F I N O W N P I E K J J
R A I E H E U Z N T A F A Z S W E W L
T O K I O M A R K O T R O P T B S L G
B E E L D A C U G L H V P D H H E H F
C Q E L G I L N X O E O B L K R P E O
O T A E Y C D L E N N S L L E O S B E
D V Q S F E S C I V S G A Q A U E S E
A I T V O N N C H V R B D B J M V X X
L J C J F E E S S U E F Y A G H I O V
L O N Z R V N E B B L S O N V K L C A
E S T O C O L M O F H Y D L P A L O O
S F L W D P A A L L K R O Y A V E U N
R F N N A H U O Z O Y P T Q X O J B E
A G O N R B R V T W H O B F O N V S G
M L N I S E R D N O L K Z H P E T J U
O N H O N A P O L E S F C I O G F T L
B P I C B I Z Z W C A J L O R Y P C Z
M R I C I S I D Q Y P X S P T D I H J
D A R B E N I G E N E V A V O S W O O
E G A A I Y R L G X X T N F W G R N S
K A Q B G A A X G P E Y R U M X Q I F
O M N V O P A J R N Q J L R O Q Z O K
D O M X K I E D A W G N O R S I A X O
Q C S R M Y I S D Z O B P Z R J A B D
K E X M R X Y N B W O Z X P K D A X I
E I U D J L K I C J E H H B Z O M K A
```

FIND THE **40** WORDS AND MATCH THE NUMBERS TO THE TRANSLATIONS

```
D N Y J S F F I P U L M O D A Z M M G
X O F D O K D Q E K W X Y O E J F H N
J W U V J M T A W S O T U A F O Z F A
S X W L A Q U R S M N D T C T I O F Y
N I V A M K L R I J D A A A K T D G S
S Y Y I O E X O D G B H E C Q P E A O
H A R I N A U Z T L O R H B S V A Y E
B C E S E E H C J Z Y I W K J E E M L
H V L C N D G P N L U O P L C X P S X
Q F E N E R G A N I V O B A O B A F O
Y Y C A L M B Q R R N R W I N X R D Q
O M U S H R O O M S E Y A W N H I M S
O S Z S A C C M C A H E K E O H R B H
W G I G M A I Z D A I R Y C Q S R J Q
K F L I I Y C H M H E W A H G I C T P
F M V P M I A I C T Z P D I Z F Y M G
D X H M P L L W T L E N K C Q K A U A
J U D P O A U U K G A B H K V N I R E
W Y L B C I B S A P O S E P T O V P P
L T C T C L I Q S T W W L E J M R V V
T C E T O I A Y K U F X Q A F R L L E
W O X R R Q S W J L A U O D K C I X F
S K S L N Z F K O D I V P K L V H H M
C M Y E K E N U C L V J R D Q I W E Y
V N L A U F R Q L R Y Y V A D R G Z V
U R R R S Q S A T E S L L Y N A O U N
V J D R I S O U P H T F F L S X G T U
I X W D T C O D K Q J F O U J R Y R V
L O R A O Q E P N Q Y N A P N A E L V
L E L C S P S F S C S S N V Q K F B F
O A O E B S L A B Z M M J R Q O N N L
J D E Z S M L L Y B T T G P Q Y T J L
T M Z M F D N U U W N T O Y A L J K B
```

01. ALUBIAS
02. APIO
03. ARROZ
04. CACAO
05. GARBANZO
06. HARINA
07. JAMON
08. LACTEOS
09. MAIZ
10. MANTEQUILLA
11. PAN
12. PESCADO
13. QUESO
14. RAPE
15. SALCHICHA
16. SETAS
17. SOPA
18. TERNERA
19. TRIGO
20. VINAGRE

___ BEANS
___ BEEF
___ BREAD
___ BUTTER
___ CELERY
___ CHEESE
___ CHICKPEA
___ COCOA
___ CORN
___ DAIRY
___ FISH
___ FLOUR
___ HAM
___ MONKFISH
___ MUSHROOMS
___ RICE
___ SAUSAGE
___ SOUP
___ VINEGAR
___ WHEAT

FIND THE **40** WORDS AND MATCH THE NUMBERS TO THE TRANSLATIONS

01. ACERA
02. AVENIDA
03. CALLE
04. CEMENTERIO
05. COMERCIO
06. COMISARIA
07. EMBAJADA
08. ESTADIO
09. FAROLA
10. GLORIETA
11. MARINA
12. MERCADO
13. PAPELERA
14. PARLAMENTO
15. PEATON
16. PLAZA
17. PUERTO
18. QUIOSCO
19. SEMAFORO
20. TEMPLO

___ AVENUE
___ CEMETERY
___ EMBASSY
___ KIOSK
___ MARINE
___ MARKET
___ PAPER BIN
___ PARLIAMENT
___ PEDESTRIAN
___ POLICE STATION
___ PORT
___ ROUNDABOUT
___ SIDEWALK
___ SQUARE
___ STADIUM
___ STORE
___ STREET
___ STREETLIGHT
___ TEMPLE
___ TRAFFIC LIGHT

```
G V P I S X E U P V A J E S P F U H Y
O B W E T S X Q Q O X R P M E T H I L
T U Z A A I J U X W M A Q S B Y H T K
S W K O D T U O B A D N U O R A H F Y
F J J E I A O P N F D I D U W G S E H
J Y V R U D J N T Z N R L T I Y E S N
S A L O M L A A E F O A Z L K Q N C Y
H R S T R E E T B U T M T W G I E O Y
K I O S K W E A S M N E M R S M N M G
G Y S N W M R P R E E E P K E D L I Z
Q V B Q P E E A A R M L V N I T K S Q
R K H L L D D N T R A H T A V O Q A W
M B E E H I Q S I Z L E A C A E Z R L
A Z P R N U T C A R R I N O V Y T I M
J A R E I I R K K I A P A L G A N A M
P Q V O H O A R O H P M E M F V H Q W
O A S E M A F O R O R Q M K E C L A R
L C P C S V F J J M H C L L Y N L F D
O A U E H X I V N X H K C A M L T H M
Y L E C R D C X Z A H G U W O H M N J
N L R E V B L Q I I I S N E D D K J H
X E T A T E I R O L G R S D A X O B U
M Z O G R H G N A Y K H T I C V R F I
Q M I A D L H V J C N T J S R A L B O
I Q U P M F T U O R E K C Y E T P U K
B Q Q K D T E M P L O R B X M D R X W
S C Y R E T E M E C R V A G K B E T Z
U V T E K R A M A Z I F T T F Z Q P L
X A E L C N T E L K A U S R Z Y G T T
N A A I P O L I C E S T A T I O N A Q
A L O R A F W Z D H R I G U W T L Y F
Q L B M N D G B U O S Q W P J A C C Z
U N A O S C I A P R I L Y Z A L E R T
```

FIND THE **40** WORDS AND MATCH THE NUMBERS TO THE TRANSLATIONS

```
E O L O E P C C F B R H X V F B Q P Z
Y Z D D S C B H A T E P U F H Q X O J
V W H A T U T E I U Q L R R H G T C E
G V H I R R G I L T F O X H T G O Z L
H S T F A I C I O C N N S C V W B K A
V L G N I O P A H D S E C W A L Y A Y
T D R O N S L S C L Y L M M G O A D Z
U R E C E O B H N X A I I T P Q E P Z
F G U R D T K F A I Y N S H N P F C W
T W A S I N P S L D A E E J W E C E J
L E V I T P E C E R T S R B T H S M G
W L N P N E S Z M R S S O G L Q Z E P
N C E S B O D N I A I Z X F F W R E R
C W Z O O N G S I A M P C U R I O U S
C Y R U F Y T A Y X I A N O R H B Q O
C T C I R E N C O R T R D U I B S G O
U T R E Z Y N A J G P I U O H W K R M
M S S A R Y S D T G O E X F T T V Q D
W I Z R N O I N I P O J H I N I J C O
M U H O L Q Q O T D Z X A C E A S O B
G I G E J Z U I M X O C A U D H H J T
B A D O G V M I S A T I S F E C H O Z
J A U U V I A Y L B L P L R V U G G Q
D E I F S I T A S O B X I O O L W T O
C L I T R S I D C D L B W I L P P V Z
T I I G S S E N D A S A C F S A I Z V
K C E Z X F A Z Q K C I A O X T Z F C
B L A A O L D D X M Q J O X P Z L W D
A O F F E N D E D L Y B L E Q C L Z K
N G G M T U C B E W F M C Y N W J U X
X M A R S J N B J J M E C Z I H B H L
B A Q M V Z N T K W R G Y I O Q Z N O
C R L A L N U E H X I V Z F K R D P Q
```

01. AGONIA
02. ALEGRIA
03. AMADO
04. CONFIADO
05. CULPA
06. CURIOSO
07. FURIA
08. INSPIRADO
09. MELANCOLIA
10. MISERO
11. ODIO
12. OFENDIDO
13. OPTIMISTA
14. RECEPTIVO
15. RENCOR
16. SATISFECHO
17. SOLEDAD
18. TENSO
19. TRANQUILO
20. TRISTEZA

___ AGONY
___ CURIOUS
___ FURY
___ GUILT
___ HATE
___ INSPIRED
___ JOY
___ LONELINESS
___ LOVED
___ MELANCHOLIA
___ MISERY
___ OFFENDED
___ OPTIMISTIC
___ QUIET
___ RECEPTIVE
___ RESENTMENT
___ SADNESS
___ SATISFIED
___ STRAINED
___ TRUSTED

FIND THE 40 WORDS AND MATCH THE NUMBERS TO THE TRANSLATIONS

01. ALBAÑIL
02. ALMENDRA
03. ANCLAR
04. ESPECTACULO
05. FABULA
06. FAMOSO
07. HERRAMIENTA
08. LAMINA
09. LANZA
10. LAVADORA
11. LIMPIEZA
12. PALO
13. PARAGUAS
14. PASTILLA
15. PERSONA
16. RABIA
17. SABIO
18. SALIDA
19. SILBAR
20. TRAVIESO

___ ALMOND
___ ANCHOR
___ BRICKLAYER
___ CLEANING
___ EXIT
___ FABLE
___ FAMOUS
___ NAUGHTY
___ PERSON
___ PILL
___ RAGE
___ SHEET
___ SHOW
___ SPEAR
___ STICK
___ TOOL
___ UMBRELLA
___ WASHING MACHINE
___ WHISTLE
___ WISE

```
P A L O C X O U R Q J K F P R C Z W L
H F U A C B I Y S F A W J S O M L J D
P H N C V G R T W L Z R V B O B V E O
Z E W A U A Z R O D N I Y B L E Y V C
V S S L G Q D P I O A S P A U V O T E
U J D E F Z W O P M L A C R C X A T X
P M Q T Q G S B R X A B O D A H K S Z
Q R B F G H E R R A M I E N T A M K W
A V A R M Q X I J T I O L E C Y W W N
E S K B E O I C N E N K J M E R M F W
L C X C L L T K G G A G H L P U L R D
F E D N I I L L S G G U P A S G Z W K
Z A L L I T S A P O M B Y H E M I V J
W A C Z E O S Y S P T U M P W I G U Y
A O N E B R X E E H S C R N U K C F H
Z T H C T Z I R V P E O S Q I M F O F
W S W S H V S A O O D O M W R T D T S
D B A D A O M F A A I V D B S Q R E M
S V V R N U R W M U R K U T M C Q O R
E A T A R E G U P Y R O L G D W A B H
L L L A L U B A F A V Z F L A N V M A
B B T I D P Z F R L T R L S O P S U B
A A W S D E F N I A T I H U X F K J C
F Ñ E J I A P P W I P I B O E S U L O
M I S P M H D W B I N C V M T F D B H
P L M O P A W M U G B C V A B Y W R V
Z I S C L F Y N M V S Y Q F N A W L Y
L O W M R N R A F T P N Q D X U A J A
O Z O N A N C L A R O U V A R G T A Q
P N A U G H T Y E S I W V Q Z X G V I
D S S A I B A R R D N E M U F U P R J
S M G N I N A E L C V T V I J B Q M Y
J G E J W S P E A R O J R J G J D R I
```

FIND THE **40** WORDS AND MATCH THE NUMBERS TO THE TRANSLATIONS

```
E P F P Y E P P A P E L U L W Y Z L P
B R E O F E R B L C E A Z S V U R I V
A Q N S Z C I L T A P T Y L T B P E M
O Z V T D H O M G Y O S D Z K X V R L
N O I C C E R I D S L O Z R I K B B E
E W O A O B I C E R E P A R T I D O R
T A B R R J D P B I V C W N V E B S J
I M M D A W A N X E N M G Q I L Q S U
U W V A J I D V J T E Z T X J C O J K
R V R S R R V E T A O N X T U B Q D H
N Z L S I G E N L C F O Z M X P H S L
U T R O Q Q E C E I Q A Y W O A V X P
I G S I B K U L E F V Z A W B C R N A
C Z B I B U J K E I C E I H L K W W G
U M S C V I Z J K T P J R N I A S U J
E C V Y T I R O I R P T M Y A G C Z P
L M B D I O C C N E A C A T M E A M P
D S J D I A S J S C G P I F R A C I B
L Q T G R S G E D E I R L T M K N T F
N A M T S O P E N R A F I Y Q P X M X
W G E T J P L A R D E F L Y X Q B G R
X R A W E I G H T T I P Q S E U O G R
O M A S V P S E I C N G A F F E Z N V
P N T E L E G R A M H E W P R N V I F
A Z R W L F W D E S S P J E X X H J T
U Y Q L J O O K N S E O A Q W D J K V
G Y O J T A R J E T A O N Q D R A C Q
A U K C S O O R E L E Q Y L X M F J H
T R Q W A P D U G R B P T N U I V D W
L M H S W D Q X R K P H X W D X O Z M
M U D S A A N O W F E L H F A A R Z Y
K P U W P Y C S T J G G N U V V X H G
K P U C Q W Y L T Z S C G M P A L M J
```

01. BUZON
02. CARTERO
03. CERTIFICADO
04. CORREO AEREO
05. DIRECCION
06. ENTREGA
07. ENVIAR
08. ENVIO
09. ESCRIBIR
10. PAPEL
11. PAQUETE
12. PESO
13. POSTAL
14. PRIORIDAD
15. RECIBO
16. REPARTIDOR
17. SELLO
18. SOBRE
19. TARJETA
20. TELEGRAMA

___ ADDRESS
___ AIR MAIL
___ CARD
___ CERTIFICATE
___ DELIVERY
___ DELIVERY MAN
___ DISPATCH
___ ENVELOPE
___ MAILBOX
___ PACKAGE
___ PAPER
___ POSTCARD
___ POSTMAN
___ PRIORITY
___ RECEIPT
___ STAMP
___ TELEGRAM
___ TO SEND
___ TO WRITE
___ WEIGHT

FIND THE 40 WORDS AND MATCH THE NUMBERS TO THE TRANSLATIONS

01. ALIÑAR
02. ASAR
03. BATIR
04. BRASEAR
05. CARAMELIZAR
06. COLAR
07. CORTAR
08. DESHUESAR
09. FERMENTAR
10. FLAMBEAR
11. GRATINAR
12. HERVIR
13. HORNEAR
14. MARINAR
15. REDUCIR
16. REMOVER
17. SERVIR
18. SOFREIR
19. TOSTAR
20. TROCEAR

____ TO BAKE
____ TO BOIL
____ TO BONE
____ TO BRASE
____ TO CARAMELIZE
____ TO CUT
____ TO CUT UP
____ TO DRESS
____ TO FERMENT
____ TO FLAMB
____ TO GRATINATE
____ TO MARINATE
____ TO REDUCE
____ TO ROAST
____ TO SERVE
____ TO SHAKE
____ TO STIR
____ TO STIR FRY
____ TO STRAIN
____ TO TOAST

```
Z L Y J C G E O Q C R T V X Y U N S F
V I A T T O T X L A X Z B V I S D L E
P T L Z Z O R G W G Q I C R I V I L P
E O G Y C T D T R I I R E I J Q W X K
A B Y U J E T N A E K O S P V V V L E
E R T O B O N E E R M O E U K B U T K
T A C F S E C G N Y E O R Y M K A M I
M S R T L K H E R V I R V G B N L L C
I E A T S A O T O T R C I E I C N A K
F R T O E H M O H A X Y R R R R R I P
T I O E R S O B N G V B A A X A F U V
T G F W H O N R E R L M R S M P F J K
I B E M D T T G I A O P A E J P F V U
J Y R F R I T S O T R B L U J N I G Y
G B M A L F O T F I A I O H L F F L D
X E E U S L V A G N Z B C S P P Z Z X
F J N W R E F R S A L D G E Q Z V O Q
T X T I O S A O R R T F R D T K A P R
E V K O A E F R G O T A S I Y X U I E
X K V E C R Q F S R Ñ P S C M K C T I
T I Z O E A T E K I A U I K R U R X W
K M R I G Z R S L B Z T F W D K T K O
O T R W X V F A O C B U N E M G O J L
T O D R E S S W M T L C R E M V B O T
S C T O R E D U C E G O Y G M F A T N
A W H S M D B O A N L T R M L R K S I
A Q A C O V G D R N I I L A M B E Z B
Q P W Y M M L I O B O T Z F N H D F I
Z T O G R A T I N A T E C E E I W C A
U S H R A S A U M Z A E S X Q X R F H
S H L A O E X K E M M K N L Q Q X A J
M B C T Z Z F D Z R G J Z W F X I D M
Q T R Z C G G B T F J X L K X R E M T
```

FIND THE **40** WORDS AND MATCH THE NUMBERS TO THE TRANSLATIONS

```
J O B X W C M I R W U M J B S C R Y E
D L N D J C W W A T U D F K F P J W Z
N U D R Q B S Z N O E L A M A C H S Y
K U K A H M G U A Y U K N X W S A R O
A Z I Z T U G T J H V G F D A T K Y C
C J A I T U E L D B Q I I W O Y F S Y
N O I L P S R V C Q B K B J T R W V B
S U C T U U Z T O K D T I U J D R K J
O R Z O R D M Q L S I O O I N J R G D
H A G R D A N O M E R C D Q C E I U U
C T M E W R G A I J J R K K T K G P Z
U P C P M U I A L A G E E I I L U U M
D E O W H K T L L G O E I E I G A X C
H R K C J I S U O R A P I V O V N H G
B T L P N E B U S F R J I E R L A P W
D P E W C I P I P L R U G N J M U A R
H T H E D U A T A D U P E E E R V B R
D I E N T E S U R N A A W L S O W B H
W S A M A C S E V P S N E E M J J C W
S M D T F G V S A P O O R P T I Q S J
P W Z Q O N G O R F N P D A V O G L F
T Y S P R A P P N Q I S F T I I Z V T
Y C R O C O D I L E D A A P U R S A V
M C K Y I X Q O N W N N S E Q U R H B
F A Y S T O R T U G A E N O N A G G Y
Y O O G R A E G S U L J V G Q S W V Y
E N W Z P Q S I G A R Z T L A O D A K
V M H I W U F I C Q V U V B T N A F T
S S V Y S K Z S F A E J Q O N I Y U M
M O S H O D N A L G Y A E O Y D O C S
R P U C L A Z R Z M S G W Y N L B I P
H G E C K O G C Z I F K F P Y D Y F V
A G M E F B H H K V K B F F A G X D N
```

01. ANFIBIO
02. CAMALEON
03. COCODRILO
04. COLMILLOS
05. DIENTES
06. DINOSAURIO
07. ESCAMAS
08. GECO
09. GLANDULA
10. HUEVOS
11. IGUANA
12. LAGARTIJA
13. MANDIBULA
14. OVIPARO
15. RANA
16. REPTAR
17. SAPO
18. SERPIENTE
19. TORTUGA
20. VENENO

___ AMPHIBIAN
___ CHAMELEON
___ CROCODILE
___ DINOSAUR
___ EGGS
___ FANGS
___ FROG
___ GECKO
___ GLAND
___ IGUANA
___ JAW
___ LIZARD
___ OVIPAROUS
___ POISON
___ SCALES
___ SNAKE
___ TEETH
___ TO CREEP
___ TOAD
___ TURTLE

FIND THE **40** WORDS AND MATCH THE NUMBERS TO THE TRANSLATIONS

01. ALMEJA
02. ANCHOA
03. ANGUILA
04. ATUN
05. BACALAO
06. BOGAVANTE
07. CABALLA
08. CALAMAR
09. CANGREJO
10. CETACEO
11. DELFIN
12. ESTURION
13. GAMBA
14. MEDUSA
15. MEJILLON
16. MORSA
17. OSTRA
18. PELICANO
19. PULPO
20. TIBURON

___ ANCHOVY
___ CETACEAN
___ CLAM
___ COD
___ CRAB
___ DOLPHIN
___ EEL
___ JELLYFISH
___ LOBSTER
___ MACKEREL
___ MUSSEL
___ OCTOPUS
___ OYSTER
___ PELICAN
___ PRAWN
___ SHARK
___ SQUID
___ STURGEON
___ TUNA
___ WALRUS

```
P E H O N O T L G M J H C I G G Y U B
A D D W S T D T D G N H T L M I U B X
Q M L J Z U C R F I S E F E O Z O S T
S U H H C N U K H F U X U P W W D T I
O S F N W A R P A R X Q P W X T Z D E
I S V R K N L E J P B W S S S P K V D
R E T S Y O E A E U A U D J Z D G L B
Z L L R D S A P M H R C I S J Z H O O
A T K I A N J B L A C S I R W Q U U K
O M D O C A J Y A A R B N W W N C E W
O H O H D C T M N V X V Y Y O Y B Z U
G R O N N I A G Y H S D N Y C M I B F
S V L J A L R B H H N I S W M M D M I
Y U M L C E D Q A T F E V C L R R L J
U C P A J P C R Z L T Q H B X I X F P
T B X O C V K A E R L Z C C W L G U M
O U Z A T K T D T M A A M N S K R B C
I X N L E C E B O E N K M Y M J N Y E
B K O A A W O R E J C T J G A C A G T
F L I C O L S Q E I H A N G V O F F A
L L R A Q A I R I L O N X R V N U X C
X X U B L N A U E L A S C J R C T T E
B Q T G Y S E B G O E B B O X U U T O
C X S T U R G E O N N M D U W O N E M
E A E D B C U R L O A U J W R A U B U
K F E B P U L P O O E S T F V W Z S K
P M R A U E E A R H S C Q A C D X F M
L M P W U L O B S T E R G Z X R R U D
D E H S I F Y L L E J O I H I J E I J
O V D C X B F G A M B A Z Z B L X N X
U W A L R U S P V D W E W D C L S F M
F N O R U B I T K E Z P I F S Q Z N Q
O B F L M B M S P Y Q F D P J J B W B
```

FIND THE **40** WORDS AND MATCH THE NUMBERS TO THE TRANSLATIONS

```
A U B R Z T G S D R S M A G A H N A D
H U K B A Z E V T J W P G X I W Z G K
O U D E Y H L L Y S F O K R N J D N G
C O N T A C T L E N S E S A R F V M P
Q M Y H R J D O S E G J E A R S U W M
H T I G E L Y N L Y S P N O O O E R Y
S G G I D O R G L E S A C K Y R N T S
W S A L A G D E N N L D L E F T T W A
L O R I L I N V D O F H N L I U I J J
L A R M L C U I F I X C Z A I W X P E
D D D E E A A D Z D L Q T S A T F E T
J W T R D P L A D E U K S D X I N N N
M R I Y I A E D F G B A B H M L D E E
A A W O O L V Y Z U Z Z A C O D R R L
E L J M A T L A X E Z Q S Z P E N X P
B U O S E T H O L T N F I W T P F Y K
I L T N P L N I Z G Y C O G K C C X K
P I N N G S C A E B D R D T A O O E A
C L E T T E R U L F T L C W Q L X U O
X H Z P N V V E A L I E S C W I Z V U
B R I C K J I I S T R P N Y E Y E I P
A U I L K R A M T N E C C A J E A M Q
Z A E R E D Q T I Y A D J X P M C P V
T A O G U A I T C E H J W N U D Z Y
D I N Y N B D J O I E O X C Q P B M J
H I L L S I D E J Z R P S J A S Z O Z
L T U E Q W S M R D A A H Y W K U A T
C F V J R N N L A J T L H L Z I L D N
W I A T E S O L R D O E E I T C E K K
O L L C I G O L O I H U I Y I Y W L I
R E I W X I R Q W L A X J V V S J D W
S L I T N E L Y G J R X A F E P C C I
J M T W H X V X N U Y X M E Z B K N Z
```

01. ELASTICO
02. LADERA
03. LADRILLO
04. LADRON
05. LANA
06. LAVADERO
07. LAZO
08. LENCERIA
09. LENTEJAS
10. LENTILLAS
11. LETRA
12. LICENCIA
13. LIDER
14. LLANTA
15. LOGICA
16. LONGEVIDAD
17. LOSETA
18. LUZ
19. PLOMO
20. TILDE

—— ACCENT MARK
—— BRICK
—— CONTACT LENSES
—— ELASTIC
—— HILLSIDE
—— LAUNDRY
—— LEAD
—— LEADER
—— LENTILS
—— LETTER
—— LICENSE
—— LIGHT
—— LINGERIE
—— LOGIC
—— LONGEVITY
—— THIEF
—— TIE
—— TILE
—— TIRE
—— WOOL

FIND THE **40** WORDS AND MATCH THE NUMBERS TO THE TRANSLATIONS

01. ACUSADO
02. APELAR
03. CARCEL
04. CASO
05. CASTIGO
06. CONDENA
07. DEFENDER
08. INDULTO
09. JUICIO
10. JURADO
11. LETRADO
12. LEY
13. MAGISTRADO
14. ORDEN
15. REO
16. RIGUROSO
17. SUPREMO
18. TESTIMONIO
19. TRIBUNAL
20. VEREDICTO

___ ACCUSED
___ CASE
___ CONVICT
___ COURT
___ JAIL
___ JURY
___ LAW
___ LAWYER
___ MAGISTRATE
___ ORDER
___ PARDON
___ PUNISHMENT
___ RIGOROUS
___ SENTENCE
___ SUPREME
___ TESTIMONY
___ TO APPEAL
___ TO DEFEND
___ TRIAL
___ VERDICT

```
Z O S G X X Z O M C B O A D A G J X I
J F R U A S A L D S E U H P Z W C A L
M N Z D O R E Y W A L I A J R Z S N X
W A E M E R P U S M R H B R Q E O P Q
Q O Y S R N O S J O W T I R K E C T N
K S G E M C R G J D Q G E Y R U A J G
L A P E L A R B I A U R R L T V W Y F
I C V S B S G X J R L U E I C D T Q O
T C O U R T S I O U J E D O F L B H P
V V N V P I P S S J D N N E G S M H X
V S L I D G O B M T S R E S M K S K U
E E T V T O G J E P R L F Z L D G I J
B N R Y S N M I E U I A E R E E R L I
O T I D O T L U D N I N D A V S O G S
I E A O I V I Q G I Q U W O Q U Z D Z
V N L I I C G H K S V B C J M C P C P
R C K A X N T I O H Z I B O J C M A H
T E S T I M O N Y M Y R H V N A F J H
U S F L Y T W M D E L T C L G D J D H
Z P W U J L K N I N V R A I X O E Z I
M T O A P P E A L T E W S R D Z V N A
C Z H X U F S C V D S T E W X D G W A
Y L G H E J O G R O R E E S U N G N T
N F R D U N N O M A U S T F H W G R Z
C O O I V O W E T U C K J F F S R V J
O T C I D E R E V F M H R R H I N F V
H I C R V P W Q U F R Z H W L T T J D
O T A C U S A D O M B U T G J T Y H H
S P X S X N I F A N J T B O P N Y K E
P S H N A U A L K R C S C N Z U M I W
W Y R C E Y E I K A U O C K K C S V K
P W R B D O S Z X Q O E X R J T L K N
O X U B A X L W P D B J T R D I T O R
```

FIND THE **40** WORDS AND MATCH THE NUMBERS TO THE TRANSLATIONS

```
P M C C Z I Q C W E K N V W V M N G Z
R N I T D A L V E P E J K C O X U O E
S Y G A I T A E S N O D E Y U E I B G
A M A P F I L A C D E O D M X Z O C B
C O M E D Y F I A B H C D L Y G S P R
J M M E B T A I I S N U S Y H B B L N
P G M J H D G I S A I M O U V E U O Q
A O M R A J H Z A T P E Z A D P I T D
C X P R O J E C T I O N S A C C J O R
T R T Z S W D A N M P T Y N C U C S G
R N I Z P S V M A O M A J A D U K W E
E O T T N J E Z F L R L L R M N V H X
S L H E I H Z N I A Q A A E B R S I E
S W V X K C F F K P C Y N H H P V K Q
N G P O P C O R N R I T E S D G S L M
O R L X E A I P P C A B C U E X M Q F
Y G O B L Z C T E R E D S N D H D Q E
F Q Z T I H N T Y C O O E Z G D H F K
V A R E C U D O R P N A J M F I I D B
E L N H U U Q C R I T I C S Y N B U Y
Y D J T L A D L D F Z H K Q D P B J B
N E R Q A J M O R A A S D A V A C F W
N E E R C S A A R B C U T C P S D E N
N O I C C E Y O R P S O L T S J I X B
N X L M X E Q F A T P D M I Z H K E A
U L U I M F W N C O A A I O D D S V Q
H L D A C A T U B D G S C N D I I B D
I B P S M A G W I I O W Z O Z A N A E
W X M D L Y N R A U B W W G U U D X T
S A P L F B U O N T S I J C L C C O N
Q T A A U C X D A K F P N G A P W X R
M F M L S B B D W T R D L X R S H X W
E F K O Y P V N Z E V E L U C T O B Q
```

01. ACCION
02. ACOMODADOR
03. ACTRIZ
04. BUTACA
05. COMEDIA
06. CRITICO
07. DOCUMENTAL
08. ENTRADA
09. ESCENA
10. FANTASIA
11. FILA
12. MAGIA
13. OSCURIDAD
14. PALOMITAS
15. PANTALLA
16. PELICULA
17. PRODUCTOR
18. PROYECCION
19. SONIDO
20. TRAMA

— ACTION
— ACTRESS
— COMEDY
— CRITIC
— DARKNESS
— DOCUMENTARY
— FANTASY
— FILM
— MAGIC
— PLOT
— POP CORN
— PRODUCER
— PROJECTION
— ROW
— SCENE
— SCREEN
— SEAT
— SOUND
— TICKET
— USHER

FIND THE **40** WORDS AND MATCH THE NUMBERS TO THE TRANSLATIONS

01. ALDEA
02. ALLI
03. AQUI
04. BARRIO
05. COMARCA
06. CONCEJO
07. CONDADO
08. ENTORNO
09. ESTADO
10. FRONTERA
11. LATITUD
12. LEJOS
13. PARADERO
14. PREFACTURA
15. PRINCIPADO
16. PROVINCIA
17. REINO
18. REMOTO
19. SITUACION
20. ZONA

___ BORDER
___ COUNCIL
___ COUNTY
___ ENVIRONMENT
___ FAR
___ HERE
___ KINGDOM
___ LATITUDE
___ LOCATION
___ NEIGHBORHOOD
___ PREFECTURE
___ PRINCEDOM
___ PROVINCE
___ REGION
___ REMOTE
___ STATE
___ THERE
___ VILLAGE
___ WHEREABOUTS
___ ZONE

```
R E H M E M N T R D B M X C E W M O H
P Y C V R P O B W L O R E D A R A P P
X Z O L U K O D Y H E Y O Q O N M F X
J E S T A D O Y E G E G F K I O O V U
O M E T A T S W I C L R A F R I R D D
D U X A R A I O W I N V E P R T M P Z
I G A F R O N T E R A I J A A A V C T
H V T Q I F C C U H N L R S B C M G I
X T Q M U A N O X D O L K P F O P J T
E E B C L I C N U O C A R K K L U W V
C Q R N V I F R L N M G L K L A C T M
H E N O Z P F A A V T E M S I E S H S
Y D R I K R T D U M J Y I X R B V E P
K P L C T I K U M O O Z R U Z Y Z R S
B L B A T N W R S G R C T S X E E E M
A A R U T C A F E R P C J U I D K P L
B I D T O I Z P I M E M B Q C C B G V
C E C I D P X U B F O Y M W A V O V N
O N F S A A B K E R L T B C S K Y Z K
C T G O D D S R P K X Y O Q D N K W E
J K H Q N O P R V I J G M V Z O U N B
R I H V O I O A C N F R R Y H V A M O
R E I Z C V E H E G E H Q C R Y L W A
E Z W O I T P R R D I D U F K T D W L
C O J N H E R E R O L A T N F D D T G
G I C A U W M O N M B A F M U E R D V
R I F L T O B R E X F H X G K S P T H
A T L R T C O N C E J O G A U K F U W
F N Z E U T H E B H E B O I E C H W A
P C V E N V I R O N M E N T E O T K Q
B H E E J R S J U T S K W A K N L G D
B W Z M W F X O U Z Y S N U K G A W X
Y P A D X O A K P I V Q V Q B F C M
```

FIND THE **40** WORDS AND MATCH THE NUMBERS TO THE TRANSLATIONS

```
G O R O D A R E P O A A Z B B Q U Z U
A N I M A T O R K Q W N M Z E M F N Z
C O M F R E C U E N C I A Q J Z W N K
O I S X Z Q W Q F A D M V H A Y X C C
Q T L G D K W S X R R A L D R K Y A M
K A R B G X I E F O E D N R K L O D S
R T W E U N W I T S I O V F I G N L H
P S P O T P I A W I D R J N N B O T R
R G V O M W R M A M A R G O R P F C T
Q N N O L E L P R E S E N T A D O R Q
F I R C P Z W E T V N B D T G S R U N
A T Z O O A C R O Z R W O U U E C F G
O S Q A V N T I I C J P G B J Q I N R
Y A R E E A C M X R L A P P Y S M R Q
E C E S N I T E L O B C T U N Q O K R
N D N C T A R T R S A Y M B I T L S A
T A E E M P Q R L T A Q X L S Q C F S
E O T N U E N O H P O R C I M J G O X
H R S A O Q C M E O P B S C N S Y R O
L B I R V U E A T A N N B O S D M W H
G A L I T D U R S T A G E I U K N G I
X M N O Y D E J F R A R G N V L A J N
R D R A I I P R T L X N Q J M S P O I
S N L T C G M R E W A M E D T U M E J
N H I N R D U N E T H U K D M L M G S
G O O T M A N A U S S Y G O R B Z F N
N C P W E A N R U M E A S P J S M E S
X X Y D H L E S X D I N C Z Q Q W M T
K P V C H T L N I D I F T D N T F D W
Q J G B U S X U O S I C T E A Z T K H
G J U N A F W E B L T Y I Z R O P Q D
C B E E R T F I N O T O B O P G R R K
A M P E R I M E T E R U R U N V B B K
```

01. AMPERIMETRO
02. ANIMADOR
03. AUDICION
04. BOLETIN
05. BOTON
06. CANAL
07. CONCIERTO
08. EMISORA
09. ESCENARIO
10. FRECUENCIA
11. LOCUTOR
12. MICROFONO
13. ONDA
14. OPERADOR
15. OYENTE
16. PRESENTADOR
17. PROGRAMA
18. PUBLICO
19. SINTONIA
20. TRANSISTOR

___ BUTTON
___ FREQUENCY
___ BROADCASTING STATION
___ BROADCASTER
___ SIGNATURE TUNE
___ SHOW
___ BULLETIN
___ AUDITION
___ PUBLIC
___ LISTENER
___ PRESENTER
___ MICROPHONE
___ AMPERIMETER
___ STAGE
___ ANIMATOR
___ TRANSISTOR
___ WAVE
___ CHANNEL
___ CONCERT
___ OPERATOR

FIND THE 40 WORDS AND MATCH THE NUMBERS TO THE TRANSLATIONS

01. ALTURA
02. DECIMETRO
03. GALON
04. GRADOS
05. GRAMO
06. HECTAREA
07. KILOMETRO
08. LIBRA
09. LONGITUD
10. MILIMETRO
11. MILLA
12. MINUTO
13. ONZA
14. PIE
15. PULGADA
16. QUILATE
17. TAZA
18. TONELADA
19. VATIO
20. YARDA

___ CARAT
___ CUP
___ DECIMETER
___ DEGREES
___ FOOT
___ GALLON
___ GRAM
___ HECTARE
___ HEIGHT
___ INCH
___ KILOMETER
___ LONGITUDE
___ MILE
___ MILLIMETER
___ MINUTE
___ OUNCE
___ POUND
___ TON
___ WATT
___ YARD

```
A M K T N T D G C Y K P I B D U X I X
B E I O G O H N A T X N P F W G H D N
K T R N D Q T X B N L W B I Q V H E D
O N Z A U N Q Z B O W P T Y E Q Q N T
G E P P T U X O L W U A N C K G J Z
R P G B I C O O A L U C Y R O I N A D
A P H C G H E C T A R E M H S K K N V
M L M O N D X H Z G X J J M I V W S W
O A L I O E T A L I U Q H X M X W S B
R N M I L C T M S X Z G B H B E A P T
R E T E M I C E D R A Y H D B O S H S
N X U S C M M F D G Q R E C A W A O M
K I L O M E T E R C J R T W E C Y L M
Y K C K L T Z A T P I I G M Q K O F J
A J X A V R D T K R N M E S W D U J T
R D R D R O D T O K O L G C B G E V U
D E A A S A K R N L I B R A Y Y J P I
A G T L L G T R O M D P A N J I U F T
N R T E X E C N U O I E M X X N A I B
A E A N M V G W P K Y B E A S H X G A
D E W O H I V U S D W T Z W I C H S G
Y S L T T V L A L T U R A D S L E I U
Y I K U H G R L T N A Q N B A T O O F
K E D E A G A O I I H U E K S L O E T
B E I D A K I M L M O C L Q E K A E N
H Q A L B N A E L P B X H W R H E K X
V H O R C R N C H X E Y U H Q F J L K
T N D H B O U N K N N P H S K W C C Q
N Z Y C M M R N R Q F A A Y C P F O T
R X H I X H N Y K I K M N G I N H J Y
Y W B I O I I K Q Y X T Z Z X O A A Q
K C C Q A T P O A C S E O P R W M H X
W D H I R T H F F S Q V P R D X N E K
```

FIND THE **40** WORDS AND MATCH THE NUMBERS TO THE TRANSLATIONS

```
D A Y Z E Z B A L O N C E S T O J P U
A B K G N I C N E F L B I T M C V F W
R D C S B J J Z S H M W W B W U G N Q
V H M W A U F F C C G E A Z I B U B Q
N V A O M G C P H N I S E W M D E F J
R Z S F I A E E I A K C J L D J N D E
V M O F R D G D O E G W L U N B X I V
X R C V G O I Y T W R B F I Z P C U U
U B R H S R N B M A R N H Z S P H D M
I N A V E G A R M N B B U A E M Q V P
Y D U S X L U L O K A U R P J E O Q A
A U R A L A D E M W N S E A K X R U X
V O I I H Y O R A T I U T T S T T K Y
H L V L C H S T R Q L N H I J O I B D
R P K I S I L O V V A N G L C V B I J
O T A N O E P M A C B G L L H S R I X
P O Z G T H I M I H A T N A G K A J C
Y U C I Y W H O Y H J D L I X X A L Z
W B S I P U S O B L B P P R L F V C A
E M T C P P N D G Y O W B C U C M G E
O M Y L N M O N M F W P P M U G Y C P
G I M N A S I A R Z N Y L Q G V B C L
J K G O G L P L I E A W A B F U H X E
A Y C N T W M D O F F S Y D T V U L H
T Y U S O B A T E S M E E O B O J U S
Z E E X N I H B N E L L R G R M A I G
T R O F E O C I D O S W K E R G Y V G
W B A H C U L A T S H G M N E R P N U
K S C I T E L H T A N O K E G G G Z X
P B D R V L L X D I H N K X V J B M V
U K B A A A S L V M U C O W F K F S P
B R J A V H X I S N N Q X T U E U W I
J E Y G R L D A Q N Y F E F I J S E C
```

01. ARBITRO
02. ARCO
03. ATLETISMO
04. BALONCESTO
05. BATE
06. BUCEO
07. CAMPEONATO
08. CICLISMO
09. EQUITACION
10. ESGRIMA
11. GIMNASIA
12. JABALINA
13. JUGADOR
14. LUCHA
15. MEDALLA
16. NAVEGAR
17. OLIMPICO
18. REMO
19. TROFEO
20. ZAPATILLA

___ ATHLETICS
___ BASKETBALL
___ BAT
___ BOW
___ CHAMPIONSHIP
___ CYCLING
___ DIVING
___ FENCING
___ GYMNASTICS
___ HORSE RIDING
___ JAVELIN
___ MEDAL
___ OLYMPIC
___ PLAYER
___ REFEREE
___ ROWING
___ SAILING
___ SHOE
___ TROPHY
___ WRESTLING

FIND THE **40** WORDS AND MATCH THE NUMBERS TO THE TRANSLATIONS

01. ABEJA
02. AVISPA
03. CHINCHE
04. CIGARRA
05. COCHINILLA
06. CUCARACHA
07. ESCARABAJO
08. ESCORPION
09. GRILLO
10. GUSANO
11. HORMIGA
12. LIBELULA
13. LUCIERNAGA
14. MARIPOSA
15. MARIQUITA
16. MOSCA
17. POLILLA
18. PULGA
19. SALTAMONTES
20. TERMITA

____ ANT
____ BEE
____ BEETLE
____ BUG
____ BUTTERFLY
____ CICADA
____ COCKROACH
____ CRICKET
____ DRAGON FLY
____ FIREFLY
____ FLEA
____ FLY
____ GRASSHOPPER
____ LADYBUG
____ MOTH
____ SCORPION
____ TERMITE
____ WASP
____ WOODLOUSE
____ WORM

```
T G R A K N Q J T D A L O F L A D P N
V U V B S Q M O J A B A R A C S E N O
E P T X H O B Y Z T R A S J Z E R W P
I S A L T A M O N T E S L O F L A H G
B A U H Y V D R V B P P A U X T A Q C
X U N O I P R O C S P C D A L E G A E
L L T P L L A R K V O V Y H V E Q L D
A A X T T D G X F K H P B Q H B B L R
C M O A E G O U V V S X U O V I O I T
J L A R S R N O Q A S Z G Y A G L L L
Z S S R D F F A W B A N T F B U D O U
S L O Y I P L L N S R A H N C B I P R
F C P E L Q Y E Y N G Q X I O A O N G
Q I I N R F U B O I W D E J C P V B U
G K R Z G K E I M E F R L M H D K H C
F S A B J X P R T T N P C L I Z M G F
W I M M C R O I I A G N D H N D D J K
J W X F O H M R G F T X T A I I A I Z
Y C O C K R O A C H L F M N L N Q B V
K X S V E N Y C P C U Y O P L C C U O
I E A T I M R E T S I K S S A L H H B
M K Q T L I F D O M I C C V O E F Y E
D W H P C Q D X D V B V A Y K F Q H Q
G A W K L J E H Y D X F A D Z Y N B Z
A E E B P B F J W Q R W W I A F T N C
K T V L S N Q W D Q R Q S M S L Y U D
E Q K F F B Z O Q U D I K Z H H C S T
O J H C B P G R I L L O V S N A R A Y
G F A F E Y L M O J N P C B R U Z E A
P L A D J A J E B A U A J A B V B B U
M W B Z M Y A N S L W U C F G R O Z C
R V Z G W J X U G U L H B O T Q Y H L
F Z E O C I G A R R A C Y U G P O A N
```

FIND THE **40** WORDS AND MATCH THE NUMBERS TO THE TRANSLATIONS

```
L F L C A Z L Q M M O D Z X Z Y A M M
A E L A R A P B C O G B B U E M T T
T F W W V T Z R G A V R U C V S V F T
C P O L I G O N O W I Y D V J P U G V
E W I W T P P T Z H J O I N C I R B S
R G J I C K R R C H C F D X I L A U H
Q C U B E P E I L F I B Q A U L M R D
T Y X Q P J D A S Q R W K G R E I Q B
Y R H I S O N N P F C W B M K D M C R
T Z S T R A I G H T L I N E S S A C D
S F T Z E N L L E F E W R C J O P U J
Q S S E P L Y E R N U B J S N E C S C
E L I P S E C L E D K K M O A R U C Z
I T X S S F T A X W A G G S Y P B U F
H O A Q T N E N Y S I A D Q E E O P Y
K X K N I G J R I Y T T I R D N H A C
T F D O G Q T M A N K D F K V T W O Z
Q A P V F E E E E X A I T L Q A Z D K
M E D A M T N P V N C L T K M G B Q S
H S G M R V Y T G I E X V V W O A X J
N X Y I G A D U E M T O X Z O N T C Z
H S A H N O L U C R I C P Q T Y C E I
S T N G R O E L R U A E E O U A P J Q
W S L T Z Y T G E O R R P P L A X B I
K E N W V R X N D L X V Q K S Y V B J
Y E X K E M A Z U T U H E P S R G O H
C K U F F D N B A P E I E S A H E O N
Z V G L R E T N E C M F E H H S K P N
V W Y O L U G N A I R T Q P S I I P F
O M C D J E G F B D R X Z J I T F H B
J I W N N P R S B H C P Y G G K K B C
Z U R T B U P X Q X E T J Q L L V M O
L Y K R S Q U A R E P A H N I J C S L
```

01. ANGULO
02. CENTRO
03. CILINDRO
04. CIRCULO
05. CUADRADO
06. CUBO
07. CURVA
08. EJE
09. ELIPSE
10. ESFERA
11. PARALELA
12. PENTAGONO
13. PERSPECTIVA
14. POLIGONO
15. PUNTO
16. RECTA
17. SIMETRIA
18. SUPERFICIE
19. TANGENTE
20. TRIANGULO

___ ANGLE
___ AXIS
___ CENTER
___ CIRCLE
___ CUBE
___ CURVE
___ CYLINDER
___ ELLIPSE
___ PARALLEL
___ PENTAGON
___ PERSPECTIVE
___ POINT
___ POLYGON
___ SYMMETRY
___ SPHERE
___ STRAIGHT LINE
___ SURFACE
___ SQUARE
___ TANGENT
___ TRIANGLE

FIND THE **40** WORDS AND MATCH THE NUMBERS TO THE TRANSLATIONS

01. AZTECA
02. CASTILLO
03. COLISEO
04. COLONIA
05. CRUZADAS
06. EGIPTO
07. EMPERADOR
08. ESCLAVITUD
09. ESFINJE
10. GUERRA
11. JEROGLIFICO
12. MURALLA
13. PARTENON
14. PRINCESA
15. REINA
16. RENACIMIENTO
17. REVOLUCION
18. ROMA
19. TUMBA
20. VICTORIANO

___ AZTEC
___ CASTLE
___ COLISEUM
___ COLONY
___ CRUSADES
___ EGYPT
___ EMPEROR
___ HIEROGLYPH
___ PARTHENON
___ PRINCESS
___ QUEEN
___ RENAISSANCE
___ REVOLUTION
___ ROME
___ SLAVERY
___ SPHINX
___ TOMB
___ VICTORIAN
___ WALL
___ WAR

```
Q N B A W T M F J W V K M A H F H S T
A H S W W N S I N E X J H D P L C J F
W S E P T E M P E R O R R C Y F A Z I
R D A S N D O M E O L U J D L X J H Y
T M S D F P L Y U O L C V L G Q U M C
L O P J A I P N Q X I B F B O I W L M
T U R E B Z N A C E T Z A Z R H D B M
B P Y R U V U J D Y S R T F E G C H R
S X Y O W I M R E N A C I M I E N T O
X B C G O C G S C Z C O W V H L X N M
Y S A L E T N B T K R L X M H M D L E
L S N I I O P E U H T O M B J F M N L
L Z I F X R C I R C Y N A C L U O J H
D B E I C I E T G O E I R R G I G L U
O T R C X A W V E E M A C T C R M S L
I E I O N N J S O S B A O U L M E I E
L C F N A A I V L L A W L M M A R R J
X E O P Q L S E R O U O B B N S K O Z
C S S L O B L S W J V T C A S E W D G
I S X C O E P A I E W O I E M C M G Y
K I D N O N E T R A P W T O U N V G R
D S G J G Q Y S Q U N I B I N I X G C
D U T I V A L C S E M E N K C R B I F
G U E R R A L P S T E Z R T A P J F K
Z S G F V H H E D L P M O W V P S P J
T U G E Q I D C T R A R P P N K Z D J
R B R A N A U S I I I T G E N P X S P
U Y Y X S X A N H A J Q R W R T F F F
I Q J U U C C N N O O C E U B A F E K
P A R T H E N O N Y V H B U R N D F G
M C R M S F T L S H F A F H G H Q O L
M U E S I L O C I G M S R U E M S E R
T I Q J Q X Q T Y B J K A G K G M X G
```

```
T D M A N T N D O U Y H D Q Z R P V L
E Y M F O X F U Q U K O G Q Z A S M O
G N I P I M M B N M N K M N A R A D W
S H G W C H S L Q W U G T S F O G R S
U S L C A H T I A A W H Y P I D R Y V
P G E F R M U I D S L S F E Q A A P M
N S S N O E O R A U P A L G E O D X O
V M I K I V E N C F B C I I V T O U N
O J A Q D L T N K H V R Z X S D G O J
F C Y I I I O K C L B A G R V J N K E
D E O T D G D H O I T M L V J D Z R O
F S H A D E R C A S A E I Q L T E H I
Y I D U N A E X H P G N D G K M V I I
G A Y H I N C H R I S T I A N I T Y C
X R A L A B A N Z A H S I T O U Q U W
L P B E C T S P K L A L R R N P P O Q
U I R H R E Z A R L E I B S G M E R W
B V E O O T N E M A R C A S T C O M X
Q S U M V X B O M T Y K J O Z K E Z G
A F E I L E B K O I W E D R O P M J C
J B R E V O R P W J M A R C M M S U L
Y L X Y D N R B K S D E T R F J M V U
T I L L A A U Z I N R D C U S D B B O
D T F X Y Z A A O C T K Z G J M L Q
N H D V D P D I D O G P Y D T E W Z W
U D L H K U T A D M T Q K W T C K Z Y
P X I S J S O Q Q O W E W C J F X X W
J S K Q I T C X X S C K E A I Y C Y Z
M G P R I E S T V O M Z K R T D B A H
F S C A L H M D M A Q Y G T P Q F U Q
T Q S B F D K Z Z S R U U T O U C D Z
U T I F Y M O J B R L O P H C S Q V Y
G B G S P X I X P W D N X C H N K O M
```

01. ADORAR
02. ALABANZA
03. BIBLIA
04. BUDISMO
05. CREENCIA
06. CRISTIANDAD
07. CRUZ
08. DIOS
09. FE
10. IGLESIA
11. JUDAISMO
12. MONJE
13. ORACION
14. PROVERBIO
15. REZAR
16. SACERDOTE
17. SACRAMENTO
18. SAGRADO
19. SALMO
20. SANTIDAD

___ BELIEF
___ BIBLE
___ BUDDHISM
___ CHRISTIANITY
___ CHURCH
___ CROSS
___ FAITH
___ GOD
___ HOLINESS
___ JUDAISM
___ MONK
___ PRAISE
___ PRAYER
___ PRIEST
___ PROVERB
___ PSALM
___ SACRAMENT
___ SACRED
___ TO ADORE
___ TO PRAY

FIND THE **40** WORDS AND MATCH THE NUMBERS TO THE TRANSLATIONS

01. ASIENTO
02. CINTURON
03. CONDUCIR
04. ESCAPE
05. FRENOS
06. GASOLINA
07. HUMO
08. MALETERO
09. MOTOR
10. PALANCA
11. PARABRISAS
12. PASAJEROS
13. PUERTA
14. RETROVISOR
15. RUEDAS
16. SALPICADERO
17. SEÑAL
18. VELOCIDAD
19. VENTANILLA
20. VOLANTE

___ BELT
___ BREAKS
___ DASHBOARD
___ DOOR
___ EXHAUST
___ FUEL
___ GEAR LEVER
___ MOTOR
___ PASSENGERS
___ REARVIEW MIRROR
___ SEATS
___ SIGN
___ SMOKE
___ SPEED
___ TIRES
___ TO DRIVE
___ TRUNK
___ WHEEL
___ WINDOW
___ WINDSHIELD

```
F S W I N D S H I E L D V E Q F V U A
L W Z S Q Y Y C I G Z Q T K W V U U L
X J H I K L E E H W I N D O W F Z J R
C M L G Q X Z D V U O H K M T X X X U
P F A N I L O S A G M Z Q S G E C W X
R A A L B P D V A S U O C R L Z C W P
E C L D E V L O X D L G Y E T L N R Q
T N L A A T R E U P E B E T M V N L N
R B D S N B E I U N M U P S H H J T P
O D A H O C Y R S F T S R U A P U N X
V S T B J L A B O D P W F A N C Y B N
I S W O B A E R R E Z S V H O I R W J
S G E A R L E V E R E J A X R U G U A
O M O R T J B D J X Q I H E Q T S M O
R R B D I C R U A O E O A E F I A G Q
N A E A S T E V S P D R Z C A N A E A
J R O D N E A R A F V K E F C G O F K
S V I I A C K C P I I D B Y M M K I H
G M R C R C S B E A A B S A K W T V W
L G O O U E I W Q K S C O S W L M Q X
P S T L X D M P O B S S Q I V Y S L C
P O O E S I N F L A Y G E E R A V I F
M P M V R Z E O S A G K J N R Z N U L
V J C R V T Z I C O S T T T G T U X B
E K O Q T E R E B D I N I O U E H X T
Q R K T E B T U P D X Z F R N U R F X
Q J G E A N O E N Z C R O M G Q G S T
P P M R A N V X P K E N C Z M P P U S
I I A L L I N A T N E V H L H K M T T
U P O K R A F F O F E N F F Q Z C A T
X V Q D O O R S E Ñ A L R S T T W B R
P I O J P C J C L Y S Q Q I S O X I N
S T A E S D A N G T H W U R R T A W X
```

FIND THE **40** WORDS AND MATCH THE NUMBERS TO THE TRANSLATIONS

```
X Q N S N R T I O I L U F M N A L P G
E W E M U U U Q L F K A D O K F X Q N
F V C J E Y W Z T T F M U L K D T L K
C V Z Y V E T Q E B Q Z R J E J O H V
P Y Z F E E N H X F G A N Z B M O F
M S T P Z E I D X D I A I G E F Y T R
R N E N N K L N J A V N L T C M D B C
E L E V E N H I T W E L Y I I U K E U
M V N E E W B M S E V E N V B F F S D
V E M J T N T I T L N C J I N J M Y G
X H I U F R T X W C P C S P H J Q G T
W M L X I S I E V X E C Q I F F B J W
Y C F Q F S C H E V Q R C K M B Z X R
Y L I E S O B Q T N R W N S R U K Q Q
W S A N A X U M E C U I A S E O I O T
S D I E C I S E I S O N U S Z J J Y B
U N O O N O Z V S M F F M S K J G I L
Z W B C M C E I I V O L Z X I W W P T
U I E W E A E M C N U Z K Y H X P O H
N I Q B K T E U E E R H T W T I W N T
W N I U E N K H I C T P U F W Z S Z U
D J I N L I U S D V E A R O E B H I K
A V S J M N Q P Y K E R N A L V E S X
L O S E D O C I I O S N T T I I V W U N I
D N N R N W D A S U O H T E N O Y U
T M E C R O T A C K R S G J E C B H B
A D E I N H Q I N T D L I S I P R X J
O P K G C H T M A E O Z E E O Q A T D
Y V Q F B C F U W J W R T D S L X C O
Q R F J D H C L G R T I Y O G H T Y N
Y M U P L F M O N E M Y N D R H O Q Y
I O L D T B I S L C M A V D M W X W U
Y G X F M L Q G C D S Z J C D R Y W X
```

01. CATORCE
02. CIEN
03. CINCO
04. CUATRO
05. DIECISEIS
06. DIECISIETE
07. DIEZ
08. DOCE
09. DOS
10. MIL
11. NUEVE
12. OCHO
13. ONCE
14. QUINCE
15. SEIS
16. SIETE
17. TRECE
18. TRES
19. UNO
20. VEINTE

___ EIGHT
___ ELEVEN
___ FIFTEEN
___ FIVE
___ FOUR
___ FOURTEEN
___ NINE
___ ONE
___ ONE HUNDRED
___ ONE THOUSAND
___ SEVEN
___ SEVENTEEN
___ SIX
___ SIXTEEN
___ TEN
___ THIRTEEN
___ THREE
___ TWELVE
___ TWENTY
___ TWO

FIND THE 40 WORDS AND MATCH THE NUMBERS TO THE TRANSLATIONS

01. BISTURI
02. BOCA
03. CARIES
04. COLMILLO
05. DENTADURA
06. DIENTE
07. DOLOR
08. ENCIAS
09. ESMALTE
10. HIGIENE
11. INCISIVO
12. INFECCION
13. INYECCION
14. LABIOS
15. LABORATORIO
16. LENGUA
17. MASTICAR
18. MEDICINA
19. NERVIOS
20. SALUD

___ CANINE
___ CAVITIES
___ ENAMEL
___ GUMS
___ HEALTH
___ HYGIENE
___ INCISOR
___ INFECTION
___ INJECTION
___ LABORATORY
___ LIPS
___ MEDICINE
___ MOUTH
___ NERVES
___ PAIN
___ SCALPEL
___ TEETH
___ TO CHEW
___ TONGUE
___ TOOTH

```
B B P T C K E Q D A L U H T F R V R F
S D A Z U C O X A B R Z J H D J R F M
H H I P D X Q V Y T C U G P X C F F H
N E N A M E L H C B C R D D F X X E K
Y Q X E C U N P A X O M C A M Z A T W
B O R C F O J E R S M U G R T L R N E
O A X S C U B X I B Y H S S T N T E K
T N M C P R T C E G E O O H Z Q E I X
J I Q A O P N U S K I I T S P S P D C
X C O L M I L L O B R H D Y T F Q D G
M I O P I E R U A O M W O V V M S F C
P D I E S M A L T E Z L G V F S L Y U
I E R L J F J A A R I L I H V U E L F
I M B A T N R S P B N O R J F B A E V
S U E E C O U A A O F W A D A B N N F
N K E D B I N C E I E K T X O W A G I
T T Q A I T T G A C C F S R M A U U L
H T L S C C E S U N C N A T X J A A J
T A O R R E I E A E I T E M H H J R Q
U N N A U J N N N M O N W V D W G X X
O Z U E P N L E E R N R E L L E Y C R
M W S Z R I R N Y J Y G O D R H R D X
N V R D R V E W S T L Q T Y V C B J R
S E O G E I I I I N F E C T I O N N Z
Z C X S G U N O I C C E Y N I T V K O
N K A Y U C J S S A L U D Z F D U G N
B G H P I R U T S I B I L P K X F O J
G D G S E I T I V A C B P J H T O O T
H M I B P F E D H D G R B S F A B E T
E V I R N C K D I Z B U W M R C C H Q
O N Y Y L X C A Q F X Q D L A L K J A
Q K J F C N U M H D Q Q P O F B G U B
Y B Q W A P N K N Q Q Z B M V L U M R
```

FIND THE **40** WORDS AND MATCH THE NUMBERS TO THE TRANSLATIONS

```
B E S O I L E Z K V Q V J N L F K W R
Z J R R K Y P C H V Q O I W R S N S F
M F L U G R X W U X W C H U G H A K C
C C H E S T N U T A O O E T L H S N D
I A S J E W F X S E S N H R D W P E V
P S D R L R S H S R V S F B E E I C I
S T N L U G T B E M Y E G P N Z N U X
E A A W D R L M F S U R S L I X O D K
L Ñ O R E M C K U Z C F R S V C P V W
E O T E B Y A T P L C V A E J U H P B
D R P S A P P P D X P W C X B C O B L
S H I W W Y O O L N V X K G T L V I A
K C L E L C Y P R E S S W H E X U N I
X T A A C J P O L A L H H N J E Q M X
R F C B G R J D C A N I F C W E K W W
J U U M J N A R O Y R G D J I R K J X
E X E D A R S E C Y X U E R T T S T Y
W E O R E T O C O C B E J T D R E H O
V K A R F K I U N M I R O M R A X K U
C N O P L I H K U F F A L L H E L D Y
R M V U A R G H T O A X I V E P E D R
O L H V O A V T T G E R V X I U Y X U
Y Q E B N O S E R P I C O N I O R E I
N O L I V E T R E E G V E U R E P I E
U E C I B T C Y E R E T Z E Q F L E C
E N D W R F I K C I R V M H G T J I P
E F E E R T Y R R E H C Z X M U K P C
J X J L B C M P E O P O H C I S Y G F
S W Y L J O U C L J U C M K F R G M G
E Z D N K H H M D J R B J T C T S R M
Z J H V X W O L L I W Y W O R X L V J
C U P E R A L P B G S P J L O Y G G C
L B O A K B N D M L A U H M V A Y B F
```

01. ABEDUL
02. ARCE
03. CASTAÑO
04. CEREZO
05. CHOPO
06. CIPRES
07. CIRUELO
08. COCOTERO
09. ENCINA
10. EUCALIPTO
11. FRESNO
12. HIGUERA
13. MORERA
14. NARANJO
15. OLIVO
16. PERAL
17. PINO
18. ROBLE
19. SAUCE
20. VID

—— ASH TREE
—— BIRCH
—— CHERRY TREE
—— CHESTNUT
—— COCONUT TREE
—— CYPRESS
—— EUCALYPTUS
—— FIG TREE
—— HOLM OAK
—— MAPLE
—— MULBERRY
—— OAK
—— OLIVE TREE
—— ORANGE TREE
—— PEAR TREE
—— PINE TREE
—— PLUM TREE
—— POPLAR
—— VINE
—— WILLOW

FIND THE **40** WORDS AND MATCH THE NUMBERS TO THE TRANSLATIONS

01. AMOR
02. ANILLO
03. BAILE
04. BANQUETE
05. BESO
06. CASARSE
07. CEREMONIA
08. CHISTERA
09. COMPROMISO
10. ESPOSA
11. FLORIDO
12. MATRIMONIO
13. MUSICA
14. NOVIO
15. NUPCIAL
16. PADRINO
17. PROMETIDA
18. REGALOS
19. TESTIGO
20. VESTIDO

____ BANQUET
____ BRIDAL
____ CEREMONY
____ DRESS
____ ENGAGEMENT
____ FIANCEE
____ FLOWERY
____ GODFATHER
____ GROOM
____ KISS
____ LOVE
____ MARRIAGE
____ MUSIC
____ NUPTIAL DANCE
____ PRESENTS
____ RING
____ TO GET MARRY
____ TOP HAT
____ WIFE
____ WITNESS

```
O Q L H H Y N Y Y B R D N R H R M Y V
E L F M H N M L I O Z Z Q H Q E I H J
G A E T O P H A T E Z Y C N P G Q Q Z
M Z T G F O A T V E C U U W U A P A E
E U S V A X R D F A Y R E W O L F W H
T V S N E I B G R D A P N D D O J Y M
B E E I E S R B Y I E F E M I S L N J
B V S W C B T R H T N G Y N D J N T O
V T E R N L E I A E F O O C O E H M D
Y R V S A T N S D M D M M S G I N L F
O V R W I S G M D O I J E G U Z E D V
K Q I B F I A M O R U W V U K H K Z E
Y G E R L W G C T P F O O E N W A F P
K S O I Q M E A P J H G L N Q B I Y B
O P K D C O M P R O M I S O T Y J T G
B Y F A F K E J C D A T R P H P E T O
R X D L C A N E G B R S F F Y X K I I
M R Y C B C T C K L P E L T O J R L V
B A N Q U E T H A R K T S G L Z D U O
W T E E U K W I E N W S O S R V O T N
X G K Q U T C S A R O L O O D U C U X
L G N I R P E T S I L X O C F K P F G
C A Z U U N F E A I N E L O U T Y O X
B H B N T L X R N M K O T L I F W D N
E R U S O G X A P R O I M A M W G Q O
T E Y R R A M T E G O T L E K I K U S
A C I S U M S N V T C D E N R F I B X
T D Y Z X P A O J R A S Z D T E B Z N
O M F R R R I H D N P L I R Y S C C B
Q Y N O M E R E C O Z L V I E L F T W
Q L R W I T N E S S U U W S W W R U D
M B A K U X U A V L J E T J D D D N S
H N L P M D Q B D C E J N U R L Q K W
```

FIND THE **40** WORDS AND MATCH THE NUMBERS TO THE TRANSLATIONS

```
Z Z P S T F N D Q L S C M D M M B S K
O Z O D D P E X I R I P I V V E V T A
F A R F C T J X J A I V U H L P E Q C
G R C N O L A S N B M T I P H M S C H
Z B H O W P R L A O J K O N P K T A V
P S E R M K A N L D Q G G V G J I T W
L W C X A C G W O E L A H O N R D I S
G J A S X L K L S G R E U D F E O C Y
U N R L T F L U M A V Q C A L U R O R
K K R A N I O E G N M R D I J H S E M
F H E V S H P E C T O B W M C Z V V R
L C T A T S J P A N T R Y X W H W A U
M R P N D E S V A N A G B V W J Q F W
N O E D E B B T A K C W B V A I X N P
W P O E E M O Y T E Y E O Y D P M J N
V J X R R S E G E E S A L C Z I V O W
A H F I Y B P S G Q O A R L E B B A U
M R B A M R T E A L F D A C Z R Y X L
O F M A I U D F N B P U P U E Z O Z A
O C F O D R Y N F S B J R K Y V E T O
R Q M I R Q E L U C A V X Q S Y Y B M
G C O M P Y D M P A E Z W J Y N K C S
N W P J P A J F R S L R X Y F R D R O
I F A Z A R R E T A Z F B H Z T Z E X
S G I M N A S I O W F S D B B T U Q A
S G J O I K B H O C Y R R O P D J D H
E N O Z N U L R E A L T K H O U P Z A
R E H A L L K U A M C O F W Y T H N A
D M O O R S S A L C L B G Y R J W E Y
H Y E L H M Y G H B O W D R Q R M D V
L M O O R D E B W E K U G S R U T N W
F F P K S D O R M I T O R I O O O O E U
T H F P E Q K L E S Y Z A P D R U E R
```

01. ARMERIA
02. ATICO
03. BODEGA
04. CELDA
05. CLASE
06. DESPENSA
07. DESVAN
08. DORMITORIO
09. ESTUDIO
10. GARAJE
11. GIMNASIO
12. LAVANDERIA
13. PASILLO
14. PORCHE
15. SALON
16. SOTANO
17. TALLER
18. TERRAZA
19. VESTIBULO
20. VESTIDOR

—— ARMORY
—— BASEMENT
—— BEDROOM
—— CELL
—— CELLAR
—— CLASSROOM
—— DRESSING ROOM
—— GARAGE
—— GYM
—— HALL
—— LAUNDRY ROOM
—— LIVING ROOM
—— LOBBY
—— LOFT
—— PANTRY
—— PENTHOUSE
—— PORCH
—— STUDY
—— TERRACE
—— WORKSHOP

FIND THE 40 WORDS AND MATCH THE NUMBERS TO THE TRANSLATIONS

01. ALMIRANTE
02. ARTILLERIA
03. BALA
04. BARRACON
05. BOMBA
06. BRIGADA
07. CAPITAN
08. CASCO
09. COMANDANTE
10. CONFLICTO
11. DERROTA
12. DESTRUCTOR
13. DISPARO
14. FORTALEZA
15. MUNICION
16. OFENSIVA
17. PARACAIDAS
18. POLVORA
19. RECLUTA
20. TANQUE

___ ADMIRAL
___ AMMUNITION
___ ARTILLERY
___ BOMB
___ BRIGADE
___ BULLET
___ BUNKHOUSE
___ CAPTAIN
___ COMMANDER
___ CONFLICT
___ DEFEAT
___ DESTROYER
___ FORTRESS
___ GUNPOWDER
___ HELMET
___ OFFENSIVE
___ PARACHUTE
___ RECRUIT
___ SHOT
___ TANK

```
M A A B A C K F J C O D T F T M J P G
O W Z R M T H W U Z X Y H R R Y U C H
O Y E I M C A P I T A N Z S L I A L B
A D L G U I T X L A E N N L M J K O N
Z S A A N L W E Y N F N O U O Z V W X
O R T D I F F V D K O J C C X O O I K
O B R E T N A D N A M O C F A A N O Y
L F O W I O I S R L G C F P H R V N P
E R F V O C R D E S T R U C T O R I B
P T E E N E E B C V C V B J E L I A P
H O U Y N Q L E R Z O V Z T C X Y T B
M T L H O S L E U Q N A T E E I G P U
T W P V C R I I I Y T D U D K M Y A P
O D U N O A T V T Z L Q W S C H L C O
U V J B N R R S E A D C B S U E G E O
D G Z G F Z A A E K T Z A C A Q G R H
D R E C L U T A P D B D C V M X P O K
A X A V I S N E F O I S B R W C F T O
S N O I C I N U M A V O L R I D W A R
Q L T G T K L B C X A W V P I W N E L
V X J U O I R A E A Q B S J I G I F T
I T A C O C R J B F S F S W P B A E V
B R B A L A L M C B O C C U Y T M D E
B W F U P A O O E R U D O N H G B N A
N B G I R B M T T O B N W C U U Q P O
N F C I R M N R T O H S K N N O M R E
A G M A A A E D O E Q D P H V A Q P P
Y D T N R S E R P X L O B Z O E X D F
A Y D I S R A Y G A W L K T H U J T V
V E M R R P K U E D F X U K T M S M T
R L Y O S J P R E O G C I B E C F E U
A R T I L L E R Y Q K U U K F G Z Z I
M A D O K P Q A S E B I N P P T Z A F
```

```
P G U D W M B N T L T C R P Y I S P Q
H I D Y R E R A A Q D I U X C T W Q O
I N M M E N E R W B Y R X L J Y W W D
M G E I D T V F K H E E K G Q J O Q K
O E T V E A P A D D H M H J Q Q B N K
S R D D N N C Z N R I R N Q J S K N I
T L T I F H T A F E V U S A A U M X P
A A L L I N I A V D O T F T E Y G A N
Z L E L A R Y Y Z V W M C F N C U N J
A Y I R O S E M A R Y Z M D A T R T F
C I J C B K E L I H C B P G M Y S N L
Z U V M B I C A Y I Y V L E G U J U P
D D R L O C G E N N P V A F V L C I K
I R V C A S L N I O Y L U J B M R Y Y
E A T I U S A O E O T X X K O J Q G Z
A T C L R M Z F V J O T Z I J X W F F
S S R A O P A O F E J B S A X O L G A
C U P N H L I J E R E P G V R C F O L
D M P T J A V U N M O E E S A P Z E M
R R X R E U B A S I L N B U J T Y J P
A E T O M I L L O D E K H I D H T D S
L Z P E P P E R A L S J V R L X C A M
E F G P E M E Z D I S H E B M O U C H
N A D V K M E O J S M M M M G N D L R
A N L H O G Y Y Q U I R L B J M P F B
C I L R A G R H I N J X I N B K O R R
V S C S J J Y Y T O I T D C D S X P D
J E M D T V K R P P Y S K Q H I C V U
J H U U C Q L O R O M L E U U N T R S
U P S M Z H L L I D N P Y S W A O W F
S A L A S B C B F M V F U P F F C X P
A M G R A C Z A Q R T H N O H Z M T S
O J G V D T J R G O I J F H N A W W F
```

01. AJO
02. ALBAHACA
03. ANIS
04. AZAFRAN
05. CANELA
06. CHILE
07. CILANTRO
08. CLAVO
09. CURCUMA
10. ENELDO
11. JENGIBRE
12. MENTA
13. MOSTAZA
14. PEREJIL
15. PIMIENTA
16. ROMERO
17. SAL
18. SALVIA
19. TOMILLO
20. VAINILLA

___ ANISE
___ BASIL
___ CHILI
___ CINNAMON
___ CLOVE
___ CORIANDER
___ DILL
___ GARLIC
___ GINGER
___ MINT
___ MUSTARD
___ PARSLEY
___ PEPPER
___ ROSEMARY
___ SAFFRON
___ SAGE
___ SALT
___ THYME
___ TURMERIC
___ VANILLA

FIND THE **40** WORDS AND MATCH THE NUMBERS TO THE TRANSLATIONS

01. ABUELO
02. ADOPTAR
03. AMIGO
04. CONYUGE
05. GEMELOS
06. GENEALOGIA
07. HEREDAR
08. HERMANO
09. HIJO
10. INFANCIA
11. MADRE
12. MADRINA
13. MARIDO
14. NIETO
15. PADRE
16. PARIENTE
17. PRIMO
18. PRIMOGENITO
19. SOBRINO
20. SUEGRO

___ BROTHER
___ CHILDHOOD
___ COUSIN
___ FATHER
___ FATHER IN LAW
___ FIRSTBORN
___ FRIEND
___ GENEALOGY
___ GODMOTHER
___ GRANDFATHER
___ GRANDSON
___ HUSBAND
___ INHERIT
___ MOTHER
___ NEPHEW
___ RELATIVE
___ SON
___ TO ADOPT
___ TWINS
___ SPOUSE

```
O N L G E N E A L O G Y A S K H F E C
T S U R W I O G R O Z J A O Y P R H M
Q W J R W W K Q A M N G J Q J Y A W F
H U V H I M W B L L K S M D F B O Q V
A S I N O M A X N V U F A R D D G C Z
V R N N P F A C A I G O L A E N E G F
P O J I H K C D H U N T B S G E W S P
K S R L W A B Z R I S P V U R I T P D
P R P F A T H E R I L O R E A R P L I
G D A O L E U B A S N D E G N F H Q Q
F Y F M U P O J O V O A H R D C L I Q
I N Q S I S G L G C T O T O S W Q H O
C O N Y U G E M Y O V T O B O C X B F
D S P H D M O G K U I O R I N D Y J F
Q R A D E R E H R S D F B R K Z E V G
R V D G X R H R Z I C I M U W T C P V
E V R S B U M I R N J R D K S N G X M
H T E U S D W A M I H S P H H C W G B
T S N B W R M E N S Q T G K Y Y B N D
O J A E H T A H H O L B E Q G U F V W
M N L P I W E T A P X O O R W P P U X
D X Q N Y R P X P R E R A Y W X T S X
O A Q H I U A C Q O J N N U A W Z G T
G T L T K O S P M A D R E K A V Q F L
Y A I C N A F N I F U A D L J O B K P
Q M E N P K Y C A K J G N Q V E E L Q
B P I R E L A T I V E I Z G E F I D E
R S I B Y G H M E X R O G M T L W Z R
U M I K E E O I R E T W R L Z Y Q P W
O V B T R T H M H E S C A L J J Z X N
A H M X H X F T I O J G U A Q U T M Z
R Y B E I X A N G R S V T F E F R M I
X Y R O Y F V G T C P X V M K G H L I
```

```
A J Y P B V R H H H Q J H A J X R W G
I O B J W W Z C D A D D E P Z G E D I
T O C R A W L M Z W N S W F D N X E M
N F A N I T A L E G Q Z E U N B I P Y
A E P G G H T A E R W M G W U K Y Q N
R L E B E G X N P A I E P E O F Q I I
A O O P R N O D U E L D Y O N H T V E
G A P N M C E R D I K M C Q W U F X T
A C L T I R L T D U M P I Q Q X D L P
U Z E D N M R O I U Z Z Y C D H K E A
N D I N A A O Q G C R I A A Z Y B Y I
O O O U R C L G J E S A G K H D F W I
E G I O O U K L E I N B C I J A W O N
I G Y C D F T Y A D P T T C A C Q B K
M U L F A L P O N G Y G E Y O B R F G
D W L A I T E J T N R U V O P R S Z T
R Q E T D D S N M C T O S P S G V Z U
L N J N A I U E T H O E M U X Y C O V
S Z G E L M A O G A G V N M G G V G D
E G B S G W G T C R E G V G N H O O K
R G E S T A T I O N R X Y Z D W U T R
M A H R L Y T B H R M Z M P F Q V G D
Q K R L C E T S C P I Z C J F N A M D
Q G O I N M Y Y N K N X F N I L N N I
K P J E G A T E A R A Z O G L J Y T M
S A G M A N E R G X T I W E T N X V E
O T A B A R A G W V E R T G P S Z Q R
N Z K R I P N W I A O A A V Q T E E Y
K D R I O F P G J X A L P B Y F Z E G
J A D L A N R I U G A E M B C L N B A
W U A J W H X G E N O C I D E L W O Z
O G J O E T X B T G D F C S A Q N C B
I C B W K F F C U S K V S M A N G C Z
```

01. GALAN
02. GALLETA
03. GALOPAR
04. GANCHO
05. GARABATO
06. GARANTIA
07. GATEAR
08. GELATINA
09. GELIDO
10. GENETICA
11. GENOCIDIO
12. GENTE
13. GERMINAR
14. GESTACION
15. GIRAR
16. GLADIADOR
17. GOMINOLA
18. GORDURA
19. GOZAR
20. GUIRNALDA

___ COOKIE
___ DOODLE
___ FATNESS
___ GALLANT
___ GENETICS
___ GENOCIDE
___ GESTATION
___ GLADIATOR
___ GUMMY
___ HOOK
___ ICY
___ JELLY
___ PEOPLE
___ TO CRAWL
___ TO ENJOY
___ TO GALLOP
___ TO GERMINATE
___ TO TURN
___ WARRANTY
___ WREATH

FIND THE 40 WORDS AND MATCH THE NUMBERS TO THE TRANSLATIONS

QUIMICA / CHEMISTRY ← TITLE

01. AZUFRE
02. BALANZA
03. CALCIO
04. CARBONO
05. CLORO
06. COBALTO
07. COBRE
08. CUENTAGOTAS
09. ECUACION
10. EXPERIMENTO
11. FOSFORO
12. HIDROGENO
13. HIERRO
14. MERCURIO
15. MICROSCOPIO
16. ORO
17. OXIGENO
18. PLATA
19. PROBETA
20. SODIO

___ CALCIUM
___ CARBON
___ CHLORINE
___ COBALT
___ COPPER
___ DROPPER
___ EQUATION
___ EXPERIMENT
___ GOLD
___ HYDROGEN
___ IRON
___ MERCURY
___ MICROSCOPE
___ OXYGEN
___ PHOSPHORUS
___ SCALE
___ SILVER
___ SODIUM
___ SULFUR
___ TEST TUBE

```
H M K O W N O B R A C C E I N Z L J V
U I T C M E Y Y M H A D T E H I S A V
P J E S X G P L L L K N E W L W C I W
T N B R B Y R U C R E M I D U S S S K
H E V G R X O I D O S D G U R A R C Y
F G S J H O B A L A N Z A N Q T I O T
P O Y T V R E H Y P W A V S E O H B G
C R N Q T B T S H H C Z B S N G E A U
K D E E C U A C I O N U D K H A Q L B
C Y P P C Y B Z C S H F G T U T P T B
Q H C H P A F E X P E R I M E N T O C
V C L O R O L G G H D E F T L E O N H
I C L O S O R C L O I K C A O U Y O U
A F G F R P P D I R L Y L I S C O B I
D F O T C I O O R U X D P F Q R Y R B
N R J I R N N E O S M O C C Q Y K A H
O W F G R E Q E N W C A M F M M P C B
V F V V G U P I M S H R R K X N M D Q
H V M I A N C P O C G F T V B M F A L
Q H X T T Y P R O R T R L F I G J G E
L O I T E A C B E C B P R V J D W V D
A O E C Q I R V Q M S Q N F V K S T K
N T L B M E L T S R L I S P B W G K H
I C A L C I O T U F I U D O R I E Z F
M B C L S Y H F N H Q G R W I S C Q D
S J S K P N L V I E F N X I K A W R Y
E G J C M U I D O S M W N A N K C A O
E P O C S O R C I M G I V O S T K F Y
Q I C R H O O M S H X S R Q P W N J X
R R O Q G B Q I H Y Z O S E C B M Q F
P Y G E A J I M E P O U R Y P H M H V
H H N L U Q D L Q K Y Z O E A X I I J
M O T Q A J P Q I P E Q T P P D E J K
```

FIND THE 40 WORDS AND MATCH THE NUMBERS TO THE TRANSLATIONS

```
N G S E R U T R A P E D U X O O V M W
K O E U U O M X I G L P Q Z C C T F L
K B I L O C O M O T O R A A F Y D A H
T N W X N O I R A R O H K X W U R X H
X O N E E N L N D J L F P V H R I P C
B I S L O N B N G M Y I L W I J U Y Y
M C Z U T E O U T U T I M V S N G U Q
U A X D A C X C N A R A A J T X M C B
K T C E B T M D I R Q L D U L L T D R
Q S Q H L I T R A U S E A Y E I R K O
L E N C I O A C I O F L D G R I Q A Q
O Z E S S N O N W Q R U C S V E L E L
K Q D H E R I Z W N B L D B J O L V Y
B I N T R S X S N I R T I E W P R U U
G H A E T M H Z T P S G I A M V W Y X
F C F A N G I S N O C T U A R Z D E Z
J O C L I X H T W T S D Y A W L I A R
E M E R C A N C I A L B D L U F E G N
G M N G O T I E S P E R A V T Q P X Q
A O D V L T N V U T E R U Z G F L Z J
R D Y I R O C N N R P H R D D M Y B Z
O I V A G B C E C A E X I I V V N H P
T T M A N T F O L U R X A Y J P A J U
S Y V K U S A X M L R T X S P J R H Y
E S T A T I O N E O O E Q W M Z R B T
G A L K T K F M Y C T C V N A X Z C O
A S E I V A R T W S A I T I F G S S W
G R F P P O P I A X L T V E S M O E B
G M R V F V K D K O T J E E K O R N A
U X O T J O I A D C C E N N L C R O J
L O A B J L U Q N F R S R F A X I C I
L L E G A D A S N D L Q U G R R K T N
P I T S O L J I F C L M X Z D T Y G F
```

01. ANDEN
02. CATENARIA
03. CONEXION
04. CONSIGNA
05. ESPERA
06. ESTACION
07. FERROCARRIL
08. HORARIO
09. LLEGADAS
10. LOCOMOTORA
11. MAQUINISTA
12. MERCANCIA
13. PUNTUAL
14. REVISOR
15. SALIDAS
16. SILBATO
17. TRANVIA
18. TRAVIESA
19. VAGON
20. VIA

___ ARRIVALS
___ CATENARY
___ COMMODITY
___ CONNECTION
___ DEPARTURES
___ LOCOMOTIVE
___ LUGGAGE STORAGE
___ MACHINIST
___ PLATFORM
___ PUNCTUAL
___ RAILROAD
___ RAILWAY
___ SCHEDULE
___ SLEEPER
___ STATION
___ TICKET COLLECTOR
___ TRAM
___ WAGON
___ WAIT
___ WHISTLE

FIND THE 40 WORDS AND MATCH THE NUMBERS TO THE TRANSLATIONS

LAS FLORES / FLOWERS

01. AMAPOLA
02. CAMELIA
03. CAMPANILLA
04. CLAVEL
05. CRISANTEMO
06. DALIA
07. GERANIO
08. GIRASOL
09. GLADIOLO
10. HORTENSIA
11. JACINTO
12. JAZMIN
13. LILA
14. LIRIO
15. MANZANILLA
16. MARGARITA
17. NARCISO
18. ORQUIDEA
19. TREBOL
20. TULIPAN

____ BELLFLOWER
____ CAMELLIA
____ CARNATION
____ CHAMOMILE
____ CHRYSANTHEMUM
____ CLOVER
____ DAFFODIL
____ DAHLIA
____ DAISY
____ GERANIUM
____ GLADIOLUS
____ HYACINTH
____ HYDRANGEA
____ JASMINE
____ LILAC
____ LILY
____ ORCHID
____ POPPY
____ SUNFLOWER
____ TULIP

```
M O L O I D A L G P G I K C I C K U N
P Y J Y R J D V Q O A P Z C Y Z O C F
A L H F H Q A P J P S J H F T I A M C
S I W P S T U L I P A N X C C M W Y Z
H U L P K C X I L Y H V P F E P F O L
M S L E L X T E D T V L C L N M R V S
H B I O M H V S N E V O L L A P P U F
V R V D I A J I J G A I U Y R R E R Q
B E J K L D C U O D A I S Y C W O R I
R L W C Q A A H P L V C Z K I Q A B E
J Y Q T Y V M L R T I A D A S W L A F
L B L H X Z P O G Y F R H S O M L C X
D D Y I S Y A R R X S N I M Y U I X Z
R E W O L F N U S C C A E O Z I N G H
G J O U H I I E R L H T N W O N A K O
L E I E P S L L D B N I Z T M A Z E V
D K N M J F L B I A G O D Y H R N W S
X M A S T A A J S D L N A R X E A D L
H O R T E N S I A A O B O B F G M P X
P S E R H Z R M P K E F T G X F F U N
O N G E Z C A L I L S X F C U A Z M M
D I I B C A Y B L N K J H A O V P G F
F M E O F I T F I C E A B I D F W K M
O Z M L Q S L I M W M C Y L O D O X F
K A M A P O L A R O R I A A I R K A O
N J C I W Y F X M A M J L D Q T F I X
R V L E W B W I E T G O G I H O D H O
L U R U A I L H A D T R L U A N J A N
T K J H X E F L P N T X A T A W X Z P
U O I L O S A R I G F F W M G E C L A
X T I W R M F C V Z Z S P P W K Z Q F
P L H Y D R A N G E A L S X R E V N F
A H V Y G J E G O S Y T X O W K A T S
```

FIND THE **40** WORDS AND MATCH THE NUMBERS TO THE TRANSLATIONS

TRANSLATIONS

CHECK THE TRANSLATIONS TO THE PUZZLES

Puzzle 01

01.	BALLENA	WHALE
02.	BURRO	DONKEY
03.	CABRA	GOAT
04.	CANGURO	KANGAROO
05.	ELEFANTE	ELEPHANT
06.	ERIZO	HEDGEHOG
07.	FOCA	SEAL
08.	GATO	CAT
09.	HIPOPOTAMO	HIPPO
10.	JIRAFA	GIRAFFE
11.	LEON	LION
12.	LORO	PARROT
13.	MAPACHE	RACCOON
14.	MONO	MONKEY
15.	OCA	GOOSE
16.	OSO	BEAR
17.	PAJARO	BIRD
18.	PERRO	DOG
19.	POLLO	CHICKEN
20.	VACA	COW

Puzzle 02

01.	BOLIGRAFO	PEN
02.	CALCULADORA	CALCULATOR
03.	CALENDARIO	CALENDAR
04.	CARPETA	FOLDER
05.	CARTA	LETTER
06.	CARTON	CARDBOARD
07.	CUADERNO	NOTEBOOK
08.	DIARIO	JOURNAL
09.	EMPRESA	COMPANY
10.	IMPRESORA	PRINTER
11.	JEFE	BOSS
12.	LAPIZ	PENCIL
13.	LIBRO	BOOK
14.	ORDENADOR	COMPUTER
15.	PIZARRA	BLACKBOARD
16.	ROTULADOR	MARKER
17.	SACAPUNTAS	SHARPENER
18.	SILLA	CHAIR
19.	TELEFONO	TELEPHONE
20.	TINTA	INK

Puzzle 03

01.	ALFOMBRA	CARPET
02.	ARMARIO	WARDROBE
03.	CAMA	BED
04.	COJIN	PILLOW
05.	CORTINA	CURTAIN
06.	CUADRO	PICTURE
07.	ESCRITORIO	DESK
08.	ESPEJO	MIRROR
09.	HAMACA	HAMMOCK
10.	JARRON	VASE
11.	LAMPARA	LAMP
12.	LAVABO	SINK
13.	LIBRERÍA	BOOKSHELF
14.	MECEDORA	ROCKING CHAIR
15.	MESA	TABLE
16.	PERCHERO	COAT RACK
17.	RELOJ	CLOCK
18.	SILLON	COUCH
19.	TABURETE	STOOL
20.	VENTILADOR	FAN

Puzzle 04

01.	AGUACATE	AVOCADO
02.	ALBARICOQUE	APRICOT
03.	CEREZAS	CHERRIES
04.	COCO	COCONUT
05.	FRAMBUESA	RASPBERRY
06.	FRESA	STRAWBERRY
07.	GRANADA	POMEGRANATE
08.	HIGO	FIG
09.	LIMA	LIME
10.	LIMON	LEMON
11.	MANZANA	APPLE
12.	MARACUYA	PASSION FRUIT
13.	MELOCOTON	PEACH
14.	MORA	BLACKBERRY
15.	NARANJA	ORANGE
16.	PIÑA	PINEAPPLE
17.	PLATANO	BANANA
18.	POMELO	GRAPEFRUIT
19.	SANDIA	WATER MELON
20.	UVA	GRAPE

Puzzle 05

01.	AMARILLO	YELLOW
02.	ANARANJADO	ORANGE
03.	AZUL	BLUE
04.	AZUL CELESTE	LIGHT BLUE
05.	AZUL MARINO	NAVY BLUE
06.	BLANCO	WHITE
07.	CARMESI	CRIMSON
08.	DORADO	GOLDEN
09.	GRANATE	GARNET
10.	GRIS	GREY
11.	MARRON	BROWN
12.	NEGRO	BLACK
13.	OCRE	OCHER
14.	PLATEADO	SILVER
15.	PURPURA	PURPLE
16.	ROJO	RED
17.	ROSA	PINK
18.	TURQUESA	TURQUOISE
19.	VERDE	GREEN
20.	VIOLETA	VIOLET

Puzzle 06

01.	ALCACHOFA	ARTICHOKE
02.	BERENJENA	EGGPLANT
03.	BROCOLI	BROCCOLI
04.	CALABACIN	ZUCCHINI
05.	CEBOLLA	ONION
06.	CEBOLLINO	CHIVE
07.	COL	CABBAGE
08.	ESPINACA	SPINACH
09.	GUISANTES	PEAS
10.	HABAS	BROAD BEANS
11.	JUDIAS	BEANS
12.	LECHUGA	LETTUCE
13.	NABO	TURNIP
14.	PATATA	POTATO
15.	PEPINO	CUCUMBER
16.	PIMIENTO	PEPPER
17.	PUERRO	LEEK
18.	REMOLACHA	BEET
19.	TOMATE	TOMATO
20.	ZANAHORIA	CARROT

Puzzle 07

01.	BRAZO	ARM
02.	CABEZA	HEAD
03.	CADERA	WAIST
04.	CEJAS	EYEBROWS
05.	DEDOS	FINGERS
06.	ESTOMAGO	STOMACH
07.	HIGADO	LIVER
08.	HOMBRO	SHOULDER
09.	HUESOS	BONES
10.	MANO	HAND
11.	NARIZ	NOSE
12.	OJOS	EYES
13.	OREJAS	EARS
14.	PELO	HAIR
15.	PIE	FOOT
16.	PIEL	SKIN
17.	PIERNAS	LEGS
18.	PULMONES	LUNGS
19.	RODILLA	KNEE
20.	SANGRE	BLOOD

Puzzle 08

01.	ACTUAR	ACTING
02.	ANIMACION	ANIMATION
03.	ARQUITECTURA	ARCHITECTURE
04.	BORDADO	EMBROIDERY
05.	CANTO	SINGING
06.	CERAMICA	POTTERY
07.	CINE	CINEMA
08.	DIBUJO	DRAWING
09.	ENCAJE	TATTING
10.	ESCULTURA	SCULPTURE
11.	FOTOGRAFIA	PHOTOGRAPHY
12.	GRABADO	ENGRAVING
13.	ILUSTRACION	ILLUSTRATION
14.	JOYERIA	JEWELRY
15.	LITERATURA	LITERATURE
16.	ORFEBRERIA	SILVERWORK
17.	PINTURA	PAINTING
18.	POESIA	POETRY
19.	PUBLICIDAD	ADVERTISING
20.	TALLAR	CARVING

Puzzle 09

01.	ASTEROIDE	ASTEROID
02.	ASTRONAUTA	ASTRONAUT
03.	ATMOSFERA	ATMOSPHERE
04.	CIELO	SKY
05.	COHETE	ROCKET
06.	COSMOLOGIA	COSMOLOGY
07.	ECLIPSAR	ECLIPSE
08.	ESPACIO	SPACE
09.	ESTELAR	STELLAR
10.	ESTRELLA	STAR
11.	GALAXIA	GALAXY
12.	GRAVEDAD	GRAVITY
13.	LUNA	MOON
14.	MARTE	MARS
15.	ORBITA	ORBIT
16.	PLANETAS	PLANETS
17.	PLUTON	PLUTO
18.	RADIACION	RADIATION
19.	SATELITE	SATELLITE
20.	TELESCOPIO	TELESCOPE

Puzzle 10

01.	ACAMPAR	CAMP
02.	AGOSTO	AUGUST
03.	ARENA	SAND
04.	BRONCEADO	SUN TANNING
05.	CALIENTE	HOT
06.	DEPORTE	SPORT
07.	DESCANSAR	REST
08.	DISFRUTAR	ENJOY
09.	DIVERTIRSE	HAVE FUN
10.	HELADO	ICE CREAM
11.	HOGUERA	CAMPFIRE
12.	LIMONADA	LEMONADE
13.	PISCINA	SWIMMING POOL
14.	SANDALIAS	FLIP FLOPS
15.	SOCORRISTA	LIFE GUARD
16.	SOL	SUN
17.	SOMBRILLA	UMBRELLA
18.	SUDOR	SWEAT
19.	VERANO	SUMMER
20.	VIAJAR	TRAVEL

Puzzle 11

01.	ASPERO	ROUGH
02.	BLANDO	SOFT
03.	CARO	EXPENSIVE
04.	DELGADO	SKINNY
05.	DIFICIL	DIFFICULT
06.	GORDO	FAT
07.	GRANDE	BIG
08.	INTELIGENTE	INTELLIGENT
09.	JOVEN	YOUNG
10.	LISTO	CLEVER
11.	MOJADO	WET
12.	OSCURO	DARK
13.	PEQUEÑO	SMALL
14.	PRONTO	SOON
15.	RICO	RICH
16.	SENCILLO	SIMPLE
17.	TARDE	LATE
18.	UTIL	USEFUL
19.	VACIO	EMPTY
20.	VIEJO	OLD

Puzzle 12

01.	PLAYA	BEACH
02.	BARCO	BOAT
03.	CRUCERO	CRUISE
04.	CONDUCIR	DRIVE
05.	DIVISA	EXCHANGE
06.	EXPLORAR	EXPLORE
07.	EXTRANJERO	FOREIGN
08.	HUESPED	GUEST
09.	GUIA	GUIDE
10.	AUTOPISTA	HIGHWAY
11.	ATERRIZAR	LAND
12.	PAISAJE	LANDSCAPE
13.	HOSTAL	LODGING HOUSE
14.	EQUIPAJE	LUGGAGE
15.	PASAPORTE	PASSPORT
16.	MALETA	SUITCASE
17.	DESPEGAR	TAKE OFF
18.	TURISTA	TOURIST
19.	TRADUCTOR	TRANSLATOR
20.	VIAJE	TRIP

Puzzle 13

01.	ALEMANIA	GERMANY
02.	BELGICA	BELGIUM
03.	DINAMARCA	DENMARK
04.	ESCOCIA	SCOTLAND
05.	ESPAÑA	SPAIN
06.	ESTADOS UNIDOS	UNITED STATES
07.	FRANCIA	FRANCE
08.	GRECIA	GREECE
09.	HOLANDA	HOLLAND
10.	INGLATERRA	ENGLAND
11.	IRLANDA	IRELAND
12.	ITALIA	ITALY
13.	JAPON	JAPAN
14.	MARRUECOS	MOROCCO
15.	NORUEGA	NORWAY
16.	POLONIA	POLAND
17.	RUMANIA	ROMANIA
18.	SUDAFRICA	SOUTH AFRICA
19.	SUECIA	SWEDEN
20.	SUIZA	SWITZERLAND

Puzzle 14

01.	BIBLIOTECARIO	LIBRARIAN
02.	CAMARERO	WAITER
03.	CIRUJANO	SURGEON
04.	COCINERO	COOK
05.	CURA	PRIEST
06.	ECONOMISTA	ECONOMIST
07.	ENFERMERO	NURSE
08.	FISICO	PHYSICIST
09.	JARDINERO	GARDENER
10.	MAESTRO	TEACHER
11.	MEDICO	DOCTOR
12.	MODISTA	DRESSMAKER
13.	MUSICO	MUSICIAN
14.	PEDIATRA	PEDIATRICIAN
15.	PESCADOR	FISHERMAN
16.	PINTOR	PAINTER
17.	QUIMICO	CHEMIST
18.	SASTRE	TAILOR
19.	SECRETARIO	SECRETARY
20.	VIGILANTE	GUARD

Puzzle 15

01.	ABUELA	GRANDMOTHER
02.	ARQUERO	ARCHER
03.	ARTISTA	ARTIST
04.	BAILARINA	DANCER
05.	BOMBERO	FIREMAN
06.	CANTANTE	SINGER
07.	CARNICERO	BUTCHER
08.	CARPINTERO	WOODWORKER
09.	COMICO	COMEDIAN
10.	DENTISTA	DENTIST
11.	FONTANERO	PLUMBER
12.	INGENIERO	ENGINEER
13.	MARINERO	SAILOR
14.	PANADERO	BAKER
15.	PIRATA	PIRATE
16.	POLICIA	POLICEMAN
17.	PRINCIPE	PRINCE
18.	REY	KING
19.	SOLDADO	SOLDIER
20.	TAXISTA	TAXI DRIVER

Puzzle 16

01.	ALMUERZO	LUNCH
02.	APERITIVO	APPETIZER
03.	BEBIDA	DRINK
04.	CARTA	MENU
05.	COMEDOR	DINING ROOM
06.	COMIDA RAPIDA	FAST FOOD
07.	CONDIMENTO	SEASONING
08.	COPA	GLASS
09.	CUCHARA	SPOON
10.	CUENTA	CHECK
11.	DEGUSTAR	TASTE
12.	FESTIN	FEAST
13.	MANTEL	TABLECLOTH
14.	PINCHE	SCULLION
15.	PLATO	DISH
16.	POSTRE	DESSERT
17.	PROPINA	TIP
18.	RESERVA	RESERVATION
19.	SERVILLETA	NAPKIN
20.	VAJILLA	CROCKERY

Puzzle 17

01.	SUMAR		ADD
02.	CARRUSEL		CAROUSEL
03.	CUBRIR		COVER
04.	CULMINAR		CULMINATE
05.	SUCIO		DIRTY
06.	HUEVO		EGG
07.	VUELO		FLIGHT
08.	BUENO		GOOD
09.	DUREZA		HARDNESS
10.	TITULAR		HEADLINE
11.	CUCHILLO		KNIFE
12.	NUDO		KNOT
13.	ULTIMO		LAST
14.	DURADERO		LONG LASTING
15.	NUMERO		NUMBER
16.	ACEITUNA		OLIVE
17.	CIRUELA		PLUM
18.	CUARENTENA		QUARANTINE
19.	RUSO		RUSSIAN
20.	TUBO		TUBE

Puzzle 18

01.	AGUJEREAR		TO PIERCE
02.	AMAR		TO LOVE
03.	CERRAR		TO CLOSE
04.	CORRER		TO RUN
05.	EMPUJAR		TO PUSH
06.	ESPIAR		TO SPY
07.	EXPLICAR		TO EXPLAIN
08.	FORZAR		TO FORCE
09.	HABLAR		TO TALK
10.	INTUIR		TO SENSE
11.	JUGAR		TO PLAY
12.	LAVAR		TO WASH
13.	LIMPIAR		TO CLEAN
14.	MERECER		TO DESERVE
15.	PENSAR		TO THINK
16.	PINTAR		TO PAINT
17.	SABOREAR		TO TASTE
18.	SALTAR		TO JUMP
19.	SUSTITUIR		TO REPLACE
20.	TORCER		TO BEND

Puzzle 19

01.	AHORA		NOW
02.	AÑO		YEAR
03.	ANTES		BEFORE
04.	AYER		YESTERDAY
05.	CONTEMPORANEO		CONTEMPORARY
06.	DESPUES		AFTER
07.	DIA		DAY
08.	EPOCA		EPOCH
09.	FUTURO		FUTURE
10.	HORA		HOUR
11.	MAÑANA		TOMORROW
12.	MEDIANOCHE		MIDNIGHT
13.	MES		MONTH
14.	NUNCA		NEVER
15.	PASADO		PAST
16.	RETRASO		DELAY
17.	SEGUNDO		SECOND
18.	SEMANA		WEEK
19.	SIGLO		CENTURY
20.	TRIMESTRE		TRIMESTER

Puzzle 20

01.	ALCE		ELK
02.	ARDILLA		SQUIRREL
03.	BISONTE		BISON
04.	BUFALO		BUFFALO
05.	CABALLO		HORSE
06.	CAMELLO		CAMEL
07.	CASTOR		BEAVER
08.	CEBRA		ZEBRA
09.	CERDO		PIG
10.	CHIMPANCE		CHIMPANZEE
11.	CIERVO		DEER
12.	GACELA		GAZELLE
13.	GUEPARDO		CHEETAH
14.	LEOPARDO		LEOPARD
15.	MARMOTA		GROUNDHOG
16.	MURCIELAGO		BAT
17.	RATA		RAT
18.	TIGRE		TIGER
19.	TORO		BULL
20.	ZORRO		FOX

Puzzle 21

01.	AGRARIO	AGRARIAN
02.	ALIMENTAR	TO FEED
03.	CONEJO	RABBIT
04.	COSECHA	HARVEST
05.	CULTIVO	CROP
06.	GALLO	ROOSTER
07.	GANSO	GOOSE
08.	GRANERO	BARN
09.	GRANJERO	FARMER
10.	HACHA	HATCHET
11.	HENO	HAY
12.	LECHE	MILK
13.	MIEL	HONEY
14.	ORDEÑAR	TO MILK
15.	OVEJA	SHEEP
16.	PASTOR	SHEPHERD
17.	REBAÑO	HERD
18.	SEMILLA	SEED
19.	TERNERO	CALF
20.	TIERRA	EARTH

Puzzle 22

01.	ACANTILADO	CLIFF
02.	ALTITUD	ALTITUDE
03.	ARRECIFE	REEF
04.	BAHIA	BAY
05.	CASCADA	WATERFALL
06.	COLINA	HILL
07.	COSTA	COAST
08.	CUEVA	CAVE
09.	DESIERTO	DESERT
10.	FRONTERA	BORDER
11.	GOLFO	GULF
12.	LAGO	LAKE
13.	MESETA	PLATEAU
14.	MONTAÑA	MOUNTAIN
15.	OCEANO	OCEAN
16.	OESTE	WEST
17.	PRADERA	MEADOW
18.	RIO	RIVER
19.	VALLE	VALLEY
20.	VOLCAN	VOLCANO

Puzzle 23

01.	ACERO	STEEL
02.	BEBER	TO DRINK
03.	BIENES	GOODS
04.	CERTEZA	CERTAINTY
05.	DESPEDIDA	FAREWELL
06.	EDIFICIO	BUILDING
07.	ENCIMA	OVER
08.	ESCAPAR	TO ESCAPE
09.	FELICIDAD	HAPPINESS
10.	HERENCIA	HERITAGE
11.	LECTURA	READING
12.	LEGUMBRE	LEGUME
13.	MELON	MELON
14.	PERA	PEAR
15.	PERFIL	PROFILE
16.	PESTE	PLAGUE
17.	SEGUIR	TO FOLLOW
18.	SUERTE	LUCK
19.	TEATRO	THEATER
20.	TERCERO	THIRD

Puzzle 24

01.	ARBOL	TREE
02.	ARBUSTO	BUSH
03.	BOSQUE	FOREST
04.	BOTANICA	BOTANY
05.	CAMINAR	TO WALK
06.	CESPED	GRASS
07.	CICLISTA	CYCLIST
08.	COLUMPIO	SWING
09.	ESTATUA	STATUE
10.	FLOR	FLOWER
11.	FUENTE	FOUNTAIN
12.	HUERTO	ORCHARD
13.	INSECTO	INSECT
14.	JARDIN	GARDEN
15.	PABELLON	PAVILION
16.	RIACHUELO	CREEK
17.	SOMBRA	SHADOW
18.	TERRENO	GROUND
19.	VALLA	FENCE
20.	ZOOLOGICO	ZOO

Puzzle 25

01.	AMBULANCIA	AMBULANCE
02.	AUTOBUS	BUS
03.	AVION	AIRPLANE
04.	BICICLETA	BICYCLE
05.	CAMION	TRUCK
06.	CANOA	CANOE
07.	CARRETA	CART
08.	CARRUAJE	CARRIAGE
09.	CICLOMOTOR	MOTORBIKE
10.	COCHE	CAR
11.	FURGONETA	VAN
12.	GRUA	CRANE
13.	HELICOPTERO	HELICOPTER
14.	NAVE ESPACIAL	SPACECRAFT
15.	PATINETE	SKATEBOARD
16.	PETROLERO	OIL TANKER
17.	SUBMARINO	SUBMARINE
18.	TRANVIA	STREETCAR
19.	VAGON	WAGON
20.	VELERO	SAILBOAT

Puzzle 26

01.	ARBOLES	TREES
02.	AVENTURA	ADVENTURE
03.	BOTAS	BOOTS
04.	BOTIQUIN	FIRST AID KIT
05.	CABAÑA	CABIN
06.	CAMINO	PATH
07.	CANTIMPLORA	WATER BOTTLE
08.	CANTINA	CANTEEN
09.	CARAVANA	CARAVAN
10.	CAZAR	TO HUNT
11.	ESCALADA	CLIMBING
12.	FUEGO	FIRE
13.	LINTERNA	LANTERN
14.	MAPA	MAP
15.	MOCHILA	BACKPACK
16.	NATURALEZA	NATURE
17.	PARQUE	PARK
18.	PESCA	FISHING
19.	SACO	SLEEPING BAG
20.	TIENDA	TENT

Puzzle 27

01.	BRUJA	WITCH
02.	CABALLERO	KNIGHT
03.	DUENDE	ELF
04.	ENANO	DWARF
05.	FANTASMA	GHOST
06.	FLAUTISTA	PIPER
07.	GIGANTE	GIANT
08.	GNOMO	GNOME
09.	HADA	FAIRY
10.	HEROE	HERO
11.	MAGO	WIZARD
12.	MOMIA	MUMMY
13.	MONSTRUO	MONSTER
14.	OGRO	OGRE
15.	PALACIO	PALACE
16.	PRINCESA	PRINCESS
17.	REINA	QUEEN
18.	SIRENA	MERMAID
19.	UNICORNIO	UNICORN
20.	VAMPIRO	VAMPIRE

Puzzle 28

01.	ADJETIVO	ADJECTIVE
02.	ANTONIMO	ANTONYM
03.	ARTICULO	ARTICLE
04.	COMA	COMMA
05.	DELETREAR	SPELL OUT
06.	EXCLAMACION	EXCLAMATION
07.	FRASE	PHRASE
08.	GERUNDIO	GERUND
09.	IMPERATIVO	IMPERATIVE
10.	INFINITIVO	INFINITIVE
11.	INTERROGANTE	QUESTION MARK
12.	NOMBRE	NOUN
13.	OBJETO	OBJECT
14.	ORTOGRAFIA	ORTHOGRAPHY
15.	PARRAFO	PARAGRAPH
16.	SINONIMO	SYNONYM
17.	SINTAXIS	SYNTAX
18.	SUJETO	SUBJECT
19.	VERBO	VERB
20.	VERSO	VERSE

Puzzle 29

	Spanish	English
01.	ACUEDUCTO	AQUEDUCT
02.	ARROYO	STREAM
03.	CHARCO	PUDDLE
04.	DEPOSITO	RESERVOIR
05.	DRENAJE	DRAINAGE
06.	ESTANQUE	POND
07.	EVAPORAR	EVAPORATE
08.	FLUIDEZ	FLUIDITY
09.	GOTA	DROP
10.	HIDROLOGIA	HYDROLOGY
11.	HUMEDO	HUMID
12.	LLUVIA	RAIN
13.	MAR	SEA
14.	MAREA	TIDE
15.	OLA	WAVE
16.	PANTANO	SWAMP
17.	POZO	WATER WELL
18.	TIFON	TYPHOON
19.	TORRENTE	TORRENT
20.	TUBERIA	PIPELINE

Puzzle 30

	Spanish	English
01.	BONDAD	GOODNESS
02.	CARIDAD	CHARITY
03.	CORTESIA	COURTESY
04.	CREATIVIDAD	CREATIVITY
05.	CURIOSIDAD	CURIOSITY
06.	DEBER	DUTY
07.	DISCRETO	DISCREET
08.	ENTUSIASMO	ENTHUSIASM
09.	ESPERANZA	HOPE
10.	ETICA	ETHICS
11.	GENEROSO	GENEROUS
12.	HUMILDAD	HUMILITY
13.	JUBILO	JOY
14.	LEALTAD	LOYALTY
15.	MISERICORDIA	MERCY
16.	MODESTIA	MODESTY
17.	PACIENCIA	PATIENCE
18.	PRUDENCIA	PRUDENCE
19.	PUREZA	PURITY
20.	RESPETO	RESPECT

Puzzle 31

	Spanish	English
01.	ALEMAN	GERMAN
02.	ARABE	ARABIC
03.	CHINO	CHINESE
04.	DANES	DANISH
05.	ESPAÑOL	SPANISH
06.	FRANCES	FRENCH
07.	GRIEGO	GREEK
08.	HOLANDES	DUTCH
09.	INDONESIO	INDONESIAN
10.	INGLES	ENGLISH
11.	ISLANDES	ICELANDIC
12.	ITALIANO	ITALIAN
13.	JAPONES	JAPANESE
14.	NORUEGO	NORWEGIAN
15.	POLACO	POLISH
16.	PORTUGUES	POTUGUESE
17.	RUSO	RUSSIAN
18.	SUECO	SWEDISH
19.	TURCO	TURKISH
20.	VIETNAMITA	VIETNAMESE

Puzzle 32

	Spanish	English
01.	AGRADECER	TO THANK
02.	CALABAZA	PUMPKIN
03.	CELEBRAR	TO CELEBRATE
04.	COCINAR	TO COOK
05.	COLONO	SETTLER
06.	COMIDA	FOOD
07.	DELICIOSO	DELICIOUS
08.	DESEOS	WISHES
09.	FAMILIA	FAMILY
10.	FIESTA	PARTY
11.	GRATITUD	GRATITUDE
12.	HOGAR	HOME
13.	HORNO	OVEN
14.	NOVIEMBRE	NOVEMBER
15.	OTOÑO	AUTUMN
16.	PAVO	TURKEY
17.	POSTRE	DESSERT
18.	SIDRA	CIDER
19.	TARTA	CAKE
20.	VACACIONES	HOLIDAYS

Puzzle 33

01. ACROBATA	ACROBAT
02. TRAPECISTA	AERIALIST
03. ANFITEATRO	AMPHITHEATER
04. AUDIENCIA	AUDIENCE
05. JAULA	CAGE
06. PAYASO	CLOWN
07. CONTORSONISTA	CONTORTIONIST
08. VESTIDO	DRESS
09. FAQUIR	FAKIR
10. ILUSIONISMO	ILLUSIONISM
11. RISA	LAUGHTER
12. TITERES	PUPPETRY
13. ARO	RING
14. CUADRA	STABLE
15. DOMADOR	TAMER
16. CARPA	TENT
17. FUNAMBULISTA	TIGHTROPE WALKER
18. TRAMPOLIN	TRAMPOLINE
19. TRAPECIO	TRAPEZE
20. LATIGO	WHIP

Puzzle 34

01. ABLANDAR	TO SOFTEN
02. ABSOLUTO	ABSOLUTE
03. AMABLE	NICE
04. AMBICION	AMBITION
05. BAJO	LOW
06. BALAUSTRE	BALUSTER
07. BALCON	BALCONY
08. BALDOSA	TILE
09. BARBERO	BARBER
10. BARRER	TO SWEEP
11. BIBLIA	BIBLE
12. BRILLO	BRIGHTNESS
13. COMBUSTIBLE	FUEL
14. LIBERAR	TO BREAK FREE
15. PALABRA	WORD
16. PROHIBIR	TO BAN
17. REBELDE	REBEL
18. SIMBOLO	SYMBOL
19. TEMBLOR	TREMOR
20. URBANO	URBAN

Puzzle 35

01. CAMILLA	STRETCHER
02. CIRUJIA	SURGERY
03. CLINICA	CLINIC
04. CUIDADO	CARE
05. DIAGNOSTICO	DIAGNOSIS
06. ENFERMEDAD	DISEASE
07. FIEBRE	FEVER
08. HERIDA	WOUND
09. JERINGA	SYRINGE
10. LESION	INJURY
11. MATERNIDAD	MATERNITY
12. NEUROLOGO	NEUROLOGIST
13. OCULISTA	OCULIST
14. PACIENTE	PATIENT
15. PILDORA	PILL
16. RECETA	PRESCRIPTION
17. SANATORIO	SANATORIUM
18. TIRITA	BAND AID
19. TRATAMIENTO	TREATMENT
20. VACUNA	VACCINE

Puzzle 36

01. AFEITAR	TO SHAVE
02. ALBORNOZ	BATHROBE
03. BAÑERA	BATHTUB
04. BASTONCILLO	COTTON SWAB
05. CEPILLO	BRUSH
06. CHAMPU	SHAMPOO
07. CUCHILLA	RAZOR BLADE
08. DESODORANTE	DEODORANT
09. DUCHA	SHOWER
10. ESPONJA	SPONGE
11. FRAGANCIA	FRAGRANCE
12. GRIFO	TAP
13. INODORO	TOILET
14. JABON	SOAP
15. LAVAMANOS	HANDWASH
16. MAQUILLAJE	MAKE UP
17. PEINE	COMB
18. SECADOR	HAIR DRYER
19. TIJERA	SCISSORS
20. TOALLA	TOWEL

Puzzle 37

01. ADIVINANZA	RIDDLE
02. AFICION	HOBBY
03. BRICOLAJE	BRICOLAGE
04. BROMA	JOKE
05. CARNAVAL	CARNIVAL
06. CIRCO	CIRCUS
07. COLECCIONISMO	COLLECTING
08. CRUCIGRAMA	CROSSWORD
09. FERIA	FAIR
10. FESTEJO	CELEBRATION
11. FILATELIA	PHILATELY
12. GOLOSINA	CANDY
13. JARDINERIA	GARDENING
14. JUEGO	GAME
15. LABERINTO	LABYRINTH
16. NAIPES	PLAYING CARDS
17. OCIO	LEISURE
18. RECREO	PLAYTIME
19. SOPA LETRAS	WORD SEARCH
20. TURISMO	TOURISM

Puzzle 38

01. ALICATE	PLIERS
02. APRIETO	CLAMP
03. CLAVOS	NAILS
04. DESTORNILLADOR	SCREWDRIVER
05. ESCALERA	LADDER
06. LAPIZ	PENCIL
07. LIJA	SAND PAPER
08. LLAVE	KEY
09. MADERA	WOOD
10. MARTILLO	HAMMER
11. NAVAJA	RAZOR
12. NIVEL	LEVEL
13. PEGAMENTO	GLUE
14. REGLA	RULER
15. SIERRA	SAW
16. SOLDADOR	WELDER
17. TALADRO	DRILL
18. TORNILLO	SCREW
19. TUERCA	NUT
20. YUNQUE	ANVIL

Puzzle 39

01. ABRELATAS	CAN OPENER
02. BATIDORA	MIXER
03. BOTELLA	BOTTLE
04. CAFETERA	COFFEE MAKER
05. CAZO	SAUCEPAN
06. CAZUELA	CASSEROLE
07. DELANTAL	APRON
08. HERVIDOR	KETTLE
09. MORTERO	MORTAR
10. NEVERA	FRIDGE
11. OLLA	STEW POT
12. PARRILLA	GRILL
13. PELADOR	PEELER
14. PIMENTERO	PEPPER POT
15. RALLADOR	GRATER
16. SACACORCHOS	CORKSCREW
17. SALERO	SALT SHAKER
18. SARTEN	PAN
19. TENEDOR	FORK
20. VASO	GLASS

Puzzle 40

01. AGUILA	EAGLE
02. BUHO	OWL
03. BUITRE	VULTURE
04. CACATUA	COCKATOO
05. CISNE	SWAN
06. COLIBRI	HUMMINGBIRD
07. CUCO	CUCKOO
08. CUERVO	CROW
09. GALLINA	HEN
10. GARZA	HERON
11. GAVIOTA	SEAGULL
12. GOLONDRINA	SWALLOW
13. GORRION	SPARROW
14. GRULLA	CRANE
15. HALCON	HAWK
16. PALOMA	PIGEON
17. PETIRROJO	ROBIN
18. TORTOLA	TURTLEDOVE
19. TUCAN	TOUCAN
20. URRACA	MAGPIE

Puzzle 41

01.	ANCLA	ANCHOR
02.	BANDERA	FLAG
03.	BARBARO	BARBARIAN
04.	BARRIL	BARREL
05.	BATALLA	BATTLE
06.	BRUJULA	COMPASS
07.	BUCANERO	BUCCANEER
08.	CALAVERA	SKULL
09.	CICATRIZ	SCAR
10.	CRUELDAD	CRUELTY
11.	ESCOPETA	SHOTGUN
12.	ESPADA	SWORD
13.	ISLA	ISLAND
14.	MONEDAS	COINS
15.	MOTIN	MUTINY
16.	PARCHE	PATCH
17.	PELIGRO	DANGER
18.	RON	RUM
19.	RUDEZA	RUDENESS
20.	TESORO	TREASURE

Puzzle 42

01.	APRENDER	TO LEARN
02.	ARCHIVO	ARCHIVE
03.	AUTOR	AUTHOR
04.	BIBLIOTECA	LIBRARY
05.	BIOGRAFIA	BIOGRAPHY
06.	CATALOGO	CATALOGUE
07.	CONOCIMIENTO	KNOWLEDGE
08.	DICCIONARIO	DICTIONARY
09.	ENCICLOPEDIA	ENCYCLOPEDIA
10.	ESTANTERIA	SHELVING
11.	ESTUDIAR	TO STUDY
12.	FICCION	FICTION
13.	INDICE	INDEX
14.	LEER	TO READ
15.	LIBROS	BOOKS
16.	MISTERIO	MYSTERY
17.	NOVELA	NOVEL
18.	PERIODICO	NEWSPAPER
19.	SILENCIO	SILENCE
20.	TITULO	TITLE

Puzzle 43

01.	AMAZONAS	AMAZON
02.	ARAÑA	SPIDER
03.	BIODIVERSIDAD	BIODIVERSITY
04.	DEFORESTAR	DEFOREST
05.	ECUADOR	EQUATOR
06.	EXTINCION	EXTINCTION
07.	GORILA	GORILLA
08.	HELECHO	FERN
09.	HOJAS	LEAVES
10.	HORMIGAS	ANTS
11.	HUMEDAD	HUMIDITY
12.	INDIGENA	INDIGENOUS
13.	INSECTOS	INSECTS
14.	JUNGLA	JUNGLE
15.	PALMERA	PALM TREE
16.	PIRAÑA	PIRANHA
17.	PUMA	COUGAR
18.	RANAS	FROGS
19.	SALVAJE	SAVAGE
20.	TROPICO	TROPIC

Puzzle 44

01.	ABETO	FIR TREE
02.	ADVIENTO	ADVENT
03.	BASTON CARAMELO	CANDY CANE
04.	CALCETIN	SOCK
05.	CAMELLOS	CAMELS
06.	CAMPANAS	BELLS
07.	CELEBRACION	CELEBRATION
08.	DESEO	WISH
09.	ESTRELLA	STAR
10.	FAMILIA	FAMILY
11.	FELIZ	HAPPY
12.	ILUMINACION	LIGHTING
13.	MILAGRO	MIRACLE
14.	MUERDAGO	MISTLETOE
15.	NACIMIENTO	BIRTH
16.	NIEVE	SNOW
17.	PANDERETA	TAMBOURINE
18.	PAPA NOEL	SANTA CLAUS
19.	RENO	REINDEER
20.	VILLANCICO	CHRISTMAS CAROL

Puzzle 45

01.	ABRIGO	COAT
02.	ARTICO	ARCTIC
03.	CALEFACCION	HEATING
04.	CHIMENEA	FIREPLACE
05.	CONGELADO	FROZEN
06.	DICIEMBRE	DECEMBER
07.	ESQUIAR	TO SKY
08.	FEBRERO	FEBRUARY
09.	FRIO	COLD
10.	GLACIAR	GLACIER
11.	GORRO DE LANA	WOOL HAT
12.	GUANTES	GLOVES
13.	HIELO	ICE
14.	MANTA	BLANKET
15.	NAVIDAD	CHRISTMAS
16.	NIEBLA	FOG
17.	PATINAR	TO SKATE
18.	TORMENTA	STORM
19.	TRINEO	SLED
20.	VENTISCA	BLIZZARD

Puzzle 46

01.	AJEDREZ	CHESS
02.	ANTIFAZ	MASK
03.	BALANCIN	ROCKER
04.	COMETA	KITE
05.	DAMAS	DRAUGHTS
06.	DARDOS	DARTS
07.	DIANA	BULLS EYE
08.	DISFRAZ	COSTUME
09.	GLOBO	BALLOON
10.	MARIONETA	PUPPET
11.	PATINES	ROLLER SKATES
12.	PELOTA	BALL
13.	PELUCHE	TEDDY
14.	PEONZA	TOP
15.	PINCEL	BRUSH
16.	PINTURAS	CRAYONS
17.	RAQUETA	RACKET
18.	ROMPECABEZAS	PUZZLE
19.	TEBEO	COMIC
20.	TOBOGAN	SLIDE

Puzzle 47

01.	CELULA	CELL
02.	CELULOSA	CELLULOSE
03.	CLOROFILA	CHLOROPHYLL
04.	ECOLOGIA	ECOLOGY
05.	EMBRION	EMBRYO
06.	ENZIMA	ENZYME
07.	EVOLUCION	EVOLUTION
08.	FOTOSINTESIS	PHOTOSYNTHESIS
09.	GENETICA	GENETICS
10.	HOJA	LEAF
11.	NITROGENO	NITROGEN
12.	ORGANICO	ORGANIC
13.	OVULO	OVUM
14.	PLAGA	PLAGUE
15.	PLANTAS	PLANTS
16.	POLEN	POLLEN
17.	QUIMICA	CHEMISTRY
18.	TALLO	STEM
19.	TEJIDO	TISSUE
20.	TOXINA	TOXIN

Puzzle 48

01.	ALIENTO	BREATH
02.	BOCINA	HORN
03.	BOLERA	BOWLING ALLEY
04.	CAMPO	FIELD
05.	COLADOR	STRAINER
06.	CORBATA	TIE
07.	DONACION	DONATION
08.	FURIOSO	FURIOUS
09.	HORQUILLA	FORK
10.	LETRERO	SIGN
11.	LOCO	CRAZY
12.	LOCURA	MADNESS
13.	MORDER	TO BITE
14.	OPERARIO	OPERATOR
15.	POSTERIOR	LATER
16.	SABOR	FLAVOR
17.	SOLITARIO	LONELY
18.	SOSPECHOSO	SUSPECT
19.	TORTILLA	OMELET
20.	ZOCALO	PLINTH

Puzzle 49

01.	ACORDEON	ACCORDION
02.	ARPA	HARP
03.	CLARINETE	CLARINET
04.	CONTRABAJO	DOUBLE BASS
05.	CORNETA	CORNET
06.	FLAUTA	FLUTE
07.	GAITA	BAGPIPE
08.	GUITARRA	GUITAR
09.	MANDOLINA	MANDOLIN
10.	PIANO	PIANO
11.	PLATILLOS	CYMBAL
12.	SAXOFON	SAXOPHONE
13.	TAMBOR	DRUM
14.	TECLADO	KEYBOARD
15.	TROMBON	TROMBONE
16.	TROMPA	HORN
17.	TROMPETA	TRUMPET
18.	VIOLIN	VIOLIN
19.	VIOLONCHELO	CELLO
20.	XILOFONO	XYLOPHONE

Puzzle 50

01.	APARCAMIENTO	PARKING
02.	AYUNTAMIENTO	CITY HALL
03.	BANCO	BANK
04.	CAPILLA	CHAPEL
05.	CASA	HOUSE
06.	CATEDRAL	CATHEDRAL
07.	COLEGIO	SCHOOL
08.	ESTACIÓN	STATION
09.	FABRICA	FACTORY
10.	HOSPITAL	HOSPITAL
11.	INDUSTRIA	INDUSTRY
12.	INSTITUTO	HIGH SCHOOL
13.	MEZQUITA	MOSQUE
14.	MONUMENTO	MONUMENT
15.	MUSEO	MUSEUM
16.	RASCACIELOS	SKYSCRAPER
17.	SUPERMERCADO	SUPERMARKET
18.	TORRE	TOWER
19.	UNIVERSIDAD	UNIVERSITY
20.	VIVIENDA	DWELLING

Puzzle 51

01.	AIRE	AIR
02.	BATERIA	BATTERY
03.	LATA	CAN
04.	DESUSO	DISUSE
05.	CONTENEDOR	DUMPSTER
06.	ECOLOGICO	ECOLOGICAL
07.	ENERGIA	ENERGY
08.	TELAS	FABRICS
09.	VIDRIO	GLASS
10.	ORGANICO	ORGANIC
11.	ENVASES	PACKAGING
12.	PLANETA TIERRA	PLANET EARTH
13.	PLASTICO	PLASTIC
14.	RECICLADOR	RECYCLER
15.	RESIDUO	RESIDUE
16.	REUTILIZAR	REUSE
17.	CHATARRA	SCRAP
18.	RECOGER	TO COLLECT
19.	BASURA	TRASH
20.	DESECHOS	WASTE

Puzzle 52

01.	BLUSA	BLOUSE
02.	SOSTEN	BRA
03.	PULSERA	BRACELET
04.	GORRA	CAP
05.	GAFAS	GLASSES
06.	SOMBRERO	HAT
07.	VAQUEROS	JEANS
08.	BRAGAS	PANTIES
09.	BUFANDA	SCARF
10.	CAMISA	SHIRT
11.	FALDA	SKIRT
12.	TRAJE	SUIT
13.	TIRANTES	SUSPENDERS
14.	SUDADERA	SWEATSHIRT
15.	BAÑADOR	SWIMSUIT
16.	CORBATA	TIE
17.	MEDIAS	TIGHTS
18.	GABARDINA	TRENCH COAT
19.	PANTALONES	TROUSERS
20.	CHALECO	VEST

Puzzle 53

01.	ATENAS	ATHENS
02.	BASILEA	BASEL
03.	BURDEOS	BORDEAUX
04.	ESTOCOLMO	STOCKHOLM
05.	FLORENCIA	FLORENCE
06.	GENOVA	GENOA
07.	GINEBRA	GENEVA
08.	HAMBURGO	HAMBURG
09.	LISBOA	LISBON
10.	LONDRES	LONDON
11.	MARSELLA	MARSEILLES
12.	NAPOLES	NAPLES
13.	NIZA	NICE
14.	NUEVA YORK	NEW YORK
15.	OPORTO	PORTO
16.	PRAGA	PRAGUE
17.	SEVILLA	SEVILLE
18.	TOKIO	TOKYO
19.	VENECIA	VENICE
20.	VIENA	VIENNA

Puzzle 54

01.	ALUBIAS	BEANS
02.	APIO	CELERY
03.	ARROZ	RICE
04.	CACAO	COCOA
05.	GARBANZO	CHICKPEA
06.	HARINA	FLOUR
07.	JAMON	HAM
08.	LACTEOS	DAIRY
09.	MAIZ	CORN
10.	MANTEQUILLA	BUTTER
11.	PAN	BREAD
12.	PESCADO	FISH
13.	QUESO	CHEESE
14.	RAPE	MONKFISH
15.	SALCHICHA	SAUSAGE
16.	SETAS	MUSHROOMS
17.	SOPA	SOUP
18.	TERNERA	BEEF
19.	TRIGO	WHEAT
20.	VINAGRE	VINEGAR

Puzzle 55

01.	ACERA	SIDEWALK
02.	AVENIDA	AVENUE
03.	CALLE	STREET
04.	CEMENTERIO	CEMETERY
05.	COMERCIO	STORE
06.	COMISARIA	POLICE STATION
07.	EMBAJADA	EMBASSY
08.	ESTADIO	STADIUM
09.	FAROLA	STREETLIGHT
10.	GLORIETA	ROUNDABOUT
11.	MARINA	MARINE
12.	MERCADO	MARKET
13.	PAPELERA	PAPER BIN
14.	PARLAMENTO	PARLIAMENT
15.	PEATON	PEDESTRIAN
16.	PLAZA	SQUARE
17.	PUERTO	PORT
18.	QUIOSCO	KIOSK
19.	SEMAFORO	TRAFFIC LIGHT
20.	TEMPLO	TEMPLE

Puzzle 56

01.	AGONIA	AGONY
02.	ALEGRIA	JOY
03.	AMADO	LOVED
04.	CONFIADO	TRUSTED
05.	CULPA	GUILT
06.	CURIOSO	CURIOUS
07.	FURIA	FURY
08.	INSPIRADO	INSPIRED
09.	MELANCOLIA	MELANCHOLIA
10.	MISERO	MISERY
11.	ODIO	HATE
12.	OFENDIDO	OFFENDED
13.	OPTIMISTA	OPTIMISTIC
14.	RECEPTIVO	RECEPTIVE
15.	RENCOR	RESENTMENT
16.	SATISFECHO	SATISFIED
17.	SOLEDAD	LONELINESS
18.	TENSO	STRAINED
19.	TRANQUILO	QUIET
20.	TRISTEZA	SADNESS

Puzzle 57

01. ALBAÑIL	BRICKLAYER
02. ALMENDRA	ALMOND
03. ANCLAR	ANCHOR
04. ESPECTACULO	SHOW
05. FABULA	FABLE
06. FAMOSO	FAMOUS
07. HERRAMIENTA	TOOL
08. LAMINA	SHEET
09. LANZA	SPEAR
10. LAVADORA	WASHING MACHINE
11. LIMPIEZA	CLEANING
12. PALO	STICK
13. PARAGUAS	UMBRELLA
14. PASTILLA	PILL
15. PERSONA	PERSON
16. RABIA	RAGE
17. SABIO	WISE
18. SALIDA	EXIT
19. SILBAR	WHISTLE
20. TRAVIESO	NAUGHTY

Puzzle 58

01. BUZON	MAILBOX
02. CARTERO	POSTMAN
03. CERTIFICADO	CERTIFICATE
04. CORREO AEREO	AIR MAIL
05. DIRECCION	ADDRESS
06. ENTREGA	DELIVERY
07. ENVIAR	TO SEND
08. ENVIO	DISPATCH
09. ESCRIBIR	TO WRITE
10. PAPEL	PAPER
11. PAQUETE	PACKAGE
12. PESO	WEIGHT
13. POSTAL	POSTCARD
14. PRIORIDAD	PRIORITY
15. RECIBO	RECEIPT
16. REPARTIDOR	DELIVERY MAN
17. SELLO	STAMP
18. SOBRE	ENVELOPE
19. TARJETA	CARD
20. TELEGRAMA	TELEGRAM

Puzzle 59

01. ALIÑAR	TO DRESS
02. ASAR	TO ROAST
03. BATIR	TO SHAKE
04. BRASEAR	TO BRASE
05. CARAMELIZAR	TO CARAMELIZE
06. COLAR	TO STRAIN
07. CORTAR	TO CUT
08. DESHUESAR	TO BONE
09. FERMENTAR	TO FERMENT
10. FLAMBEAR	TO FLAMB
11. GRATINAR	TO GRATINATE
12. HERVIR	TO BOIL
13. HORNEAR	TO BAKE
14. MARINAR	TO MARINATE
15. REDUCIR	TO REDUCE
16. REMOVER	TO STIR
17. SERVIR	TO SERVE
18. SOFREIR	TO STIR FRY
19. TOSTAR	TO TOAST
20. TROCEAR	TO CUT UP

Puzzle 60

01. ANFIBIO	AMPHIBIAN
02. CAMALEON	CHAMELEON
03. COCODRILO	CROCODILE
04. COLMILLOS	FANGS
05. DIENTES	TEETH
06. DINOSAURIO	DINOSAUR
07. ESCAMAS	SCALES
08. GECO	GECKO
09. GLANDULA	GLAND
10. HUEVOS	EGGS
11. IGUANA	IGUANA
12. LAGARTIJA	LIZARD
13. MANDIBULA	JAW
14. OVIPARO	OVIPAROUS
15. RANA	FROG
16. REPTAR	TO CREEP
17. SAPO	TOAD
18. SERPIENTE	SNAKE
19. TORTUGA	TURTLE
20. VENENO	POISON

Puzzle 61

01.	ANCHOA	ANCHOVY
02.	CETACEO	CETACEAN
03.	ALMEJA	CLAM
04.	BACALAO	COD
05.	CANGREJO	CRAB
06.	DELFIN	DOLPHIN
07.	ANGUILA	EEL
08.	MEDUSA	JELLYFISH
09.	BOGAVANTE	LOBSTER
10.	CABALLA	MACKEREL
11.	MEJILLON	MUSSEL
12.	PULPO	OCTOPUS
13.	OSTRA	OYSTER
14.	PELICANO	PELICAN
15.	GAMBA	PRAWN
16.	TIBURON	SHARK
17.	CALAMAR	SQUID
18.	ESTURION	STURGEON
19.	ATUN	TUNA
20.	MORSA	WALRUS

Puzzle 62

01.	TILDE	ACCENT MARK
02.	LADRILLO	BRICK
03.	LENTILLAS	CONTACT LENSES
04.	ELASTICO	ELASTIC
05.	LADERA	HILLSIDE
06.	LAVADERO	LAUNDRY
07.	PLOMO	LEAD
08.	LIDER	LEADER
09.	LENTEJAS	LENTILS
10.	LETRA	LETTER
11.	LICENCIA	LICENSE
12.	LUZ	LIGHT
13.	LENCERIA	LINGERIE
14.	LOGICA	LOGIC
15.	LONGEVIDAD	LONGEVITY
16.	LADRON	THIEF
17.	LAZO	TIE
18.	LOSETA	TILE
19.	LLANTA	TIRE
20.	LANA	WOOL

Puzzle 63

01.	ACUSADO	ACCUSED
02.	APELAR	TO APPEAL
03.	CARCEL	JAIL
04.	CASO	CASE
05.	CASTIGO	PUNISHMENT
06.	CONDENA	SENTENCE
07.	DEFENDER	TO DEFEND
08.	INDULTO	PARDON
09.	JUICIO	TRIAL
10.	JURADO	JURY
11.	LETRADO	LAWYER
12.	LEY	LAW
13.	MAGISTRADO	MAGISTRATE
14.	ORDEN	ORDER
15.	REO	CONVICT
16.	RIGUROSO	RIGOROUS
17.	SUPREMO	SUPREME
18.	TESTIMONIO	TESTIMONY
19.	TRIBUNAL	COURT
20.	VEREDICTO	VERDICT

Puzzle 64

01.	ACCION	ACTION
02.	ACOMODADOR	USHER
03.	ACTRIZ	ACTRESS
04.	BUTACA	SEAT
05.	COMEDIA	COMEDY
06.	CRITICO	CRITIC
07.	DOCUMENTAL	DOCUMENTARY
08.	ENTRADA	TICKET
09.	ESCENA	SCENE
10.	FANTASIA	FANTASY
11.	FILA	ROW
12.	MAGIA	MAGIC
13.	OSCURIDAD	DARKNESS
14.	PALOMITAS	POP CORN
15.	PANTALLA	SCREEN
16.	PELICULA	FILM
17.	PRODUCTOR	PRODUCER
18.	PROYECCION	PROJECTION
19.	SONIDO	SOUND
20.	TRAMA	PLOT

Puzzle 65

01. ALDEA	VILLAGE
02. ALLI	THERE
03. AQUI	HERE
04. BARRIO	NEIGHBORHOOD
05. COMARCA	REGION
06. CONCEJO	COUNCIL
07. CONDADO	COUNTY
08. ENTORNO	ENVIRONMENT
09. ESTADO	STATE
10. FRONTERA	BORDER
11. LATITUD	LATITUDE
12. LEJOS	FAR
13. PARADERO	WHEREABOUTS
14. PREFACTURA	PREFECTURE
15. PRINCIPADO	PRINCEDOM
16. PROVINCIA	PROVINCE
17. REINO	KINGDOM
18. REMOTO	REMOTE
19. SITUACION	LOCATION
20. ZONA	ZONE

Puzzle 66

01. AMPERIMETRO	AMPERIMETER
02. ANIMADOR	ANIMATOR
03. AUDICION	AUDITION
04. BOLETIN	BULLETIN
05. BOTON	BUTTON
06. CANAL	CHANNEL
07. CONCIERTO	CONCERT
08. EMISORA	BROADCASTING STATION
09. ESCENARIO	STAGE
10. FRECUENCIA	FREQUENCY
11. LOCUTOR	BROADCASTER
12. MICROFONO	MICROPHONE
13. ONDA	WAVE
14. OPERADOR	OPERATOR
15. OYENTE	LISTENER
16. PRESENTADOR	PRESENTER
17. PROGRAMA	SHOW
18. PUBLICO	PUBLIC
19. SINTONIA	SIGNATURE TUNE
20. TRANSISTOR	TRANSISTOR

Puzzle 67

01. ALTURA	HEIGHT
02. DECIMETRO	DECIMETER
03. GALON	GALLON
04. GRADOS	DEGREES
05. GRAMO	GRAM
06. HECTAREA	HECTARE
07. KILOMETRO	KILOMETER
08. LIBRA	POUND
09. LONGITUD	LONGITUDE
10. MILIMETRO	MILLIMETER
11. MILLA	MILE
12. MINUTO	MINUTE
13. ONZA	OUNCE
14. PIE	FOOT
15. PULGADA	INCH
16. QUILATE	CARAT
17. TAZA	CUP
18. TONELADA	TON
19. VATIO	WATT
20. YARDA	YARD

Puzzle 68

01. ARBITRO	REFEREE
02. ARCO	BOW
03. ATLETISMO	ATHLETICS
04. BALONCESTO	BASKETBALL
05. BATE	BAT
06. BUCEO	DIVING
07. CAMPEONATO	CHAMPIONSHIP
08. CICLISMO	CYCLING
09. EQUITACION	HORSE RIDING
10. ESGRIMA	FENCING
11. GIMNASIA	GYMNASTICS
12. JABALINA	JAVELIN
13. JUGADOR	PLAYER
14. LUCHA	WRESTLING
15. MEDALLA	MEDAL
16. NAVEGAR	SAILING
17. OLIMPICO	OLYMPIC
18. REMO	ROWING
19. TROFEO	TROPHY
20. ZAPATILLA	SHOE

Puzzle 69

01. ABEJA	BEE
02. AVISPA	WASP
03. CHINCHE	BUG
04. CIGARRA	CICADA
05. COCHINILLA	WOODLOUSE
06. CUCARACHA	COCKROACH
07. ESCARABAJO	BEETLE
08. ESCORPION	SCORPION
09. GRILLO	CRICKET
10. GUSANO	WORM
11. HORMIGA	ANT
12. LIBELULA	DRAGON FLY
13. LUCIERNAGA	FIREFLY
14. MARIPOSA	BUTTERFLY
15. MARIQUITA	LADYBUG
16. MOSCA	FLY
17. POLILLA	MOTH
18. PULGA	FLEA
19. SALTAMONTES	GRASSHOPPER
20. TERMITA	TERMITE

Puzzle 70

01. ANGULO	ANGLE
02. CENTRO	CENTER
03. CILINDRO	CYLINDER
04. CIRCULO	CIRCLE
05. CUADRADO	SQUARE
06. CUBO	CUBE
07. CURVA	CURVE
08. EJE	AXIS
09. ELIPSE	ELLIPSE
10. ESFERA	SPHERE
11. PARALELA	PARALLEL
12. PENTAGONO	PENTAGON
13. PERSPECTIVA	PERSPECTIVE
14. POLIGONO	POLYGON
15. PUNTO	POINT
16. RECTA	STRAIGHT LINE
17. SIMETRIA	SYMMETRY
18. SUPERFICIE	SURFACE
19. TANGENTE	TANGENT
20. TRIANGULO	TRIANGLE

Puzzle 71

01. AZTECA	AZTEC
02. CASTILLO	CASTLE
03. COLISEO	COLISEUM
04. COLONIA	COLONY
05. CRUZADAS	CRUSADES
06. EGIPTO	EGYPT
07. EMPERADOR	EMPEROR
08. ESCLAVITUD	SLAVERY
09. ESFINJE	SPHINX
10. GUERRA	WAR
11. JEROGLIFICO	HIEROGLYPH
12. MURALLA	WALL
13. PARTENON	PARTHENON
14. PRINCESA	PRINCESS
15. REINA	QUEEN
16. RENACIMIENTO	RENAISSANCE
17. REVOLUCION	REVOLUTION
18. ROMA	ROME
19. TUMBA	TOMB
20. VICTORIANO	VICTORIAN

Puzzle 72

01. ADORAR	TO ADORE
02. ALABANZA	PRAISE
03. BIBLIA	BIBLE
04. BUDISMO	BUDDHISM
05. CREENCIA	BELIEF
06. CRISTIANDAD	CHRISTIANITY
07. CRUZ	CROSS
08. DIOS	GOD
09. FE	FAITH
10. IGLESIA	CHURCH
11. JUDAISMO	JUDAISM
12. MONJE	MONK
13. ORACION	PRAYER
14. PROVERBIO	PROVERB
15. REZAR	TO PRAY
16. SACERDOTE	PRIEST
17. SACRAMENTO	SACRAMENT
18. SAGRADO	SACRED
19. SALMO	PSALM
20. SANTIDAD	HOLINESS

Puzzle 73

01.	ASIENTO	SEATS
02.	CINTURON	BELT
03.	CONDUCIR	TO DRIVE
04.	ESCAPE	EXHAUST
05.	FRENOS	BREAKS
06.	GASOLINA	FUEL
07.	HUMO	SMOKE
08.	MALETERO	TRUNK
09.	MOTOR	MOTOR
10.	PALANCA	GEAR LEVER
11.	PARABRISAS	WINDSHIELD
12.	PASAJEROS	PASSENGERS
13.	PUERTA	DOOR
14.	RETROVISOR	REARVIEW MIRROR
15.	RUEDAS	TIRES
16.	SALPICADERO	DASHBOARD
17.	SEÑAL	SIGN
18.	VELOCIDAD	SPEED
19.	VENTANILLA	WINDOW
20.	VOLANTE	WHEEL

Puzzle 74

01.	CATORCE	FOURTEEN
02.	CIEN	ONE HUNDRED
03.	CINCO	FIVE
04.	CUATRO	FOUR
05.	DIECISEIS	SIXTEEN
06.	DIECISIETE	SEVENTEEN
07.	DIEZ	TEN
08.	DOCE	TWELVE
09.	DOS	TWO
10.	MIL	ONE THOUSAND
11.	NUEVE	NINE
12.	OCHO	EIGHT
13.	ONCE	ELEVEN
14.	QUINCE	FIFTEEN
15.	SEIS	SIX
16.	SIETE	SEVEN
17.	TRECE	THIRTEEN
18.	TRES	THREE
19.	UNO	ONE
20.	VEINTE	TWENTY

Puzzle 75

01.	BISTURI	SCALPEL
02.	BOCA	MOUTH
03.	CARIES	CAVITIES
04.	COLMILLO	CANINE
05.	DENTADURA	TEETH
06.	DIENTE	TOOTH
07.	DOLOR	PAIN
08.	ENCIAS	GUMS
09.	ESMALTE	ENAMEL
10.	HIGIENE	HYGIENE
11.	INCISIVO	INCISOR
12.	INFECCION	INFECTION
13.	INYECCION	INJECTION
14.	LABIOS	LIPS
15.	LABORATORIO	LABORATORY
16.	LENGUA	TONGUE
17.	MASTICAR	TO CHEW
18.	MEDICINA	MEDICINE
19.	NERVIOS	NERVES
20.	SALUD	HEALTH

Puzzle 76

01.	ABEDUL	BIRCH
02.	ARCE	MAPLE
03.	CASTAÑO	CHESTNUT
04.	CEREZO	CHERRY TREE
05.	CHOPO	POPLAR
06.	CIPRES	CYPRESS
07.	CIRUELO	PLUM TREE
08.	COCOTERO	COCONUT TREE
09.	ENCINA	HOLM OAK
10.	EUCALIPTO	EUCALYPTUS
11.	FRESNO	ASH TREE
12.	HIGUERA	FIG TREE
13.	MORERA	MULBERRY
14.	NARANJO	ORANGE TREE
15.	OLIVO	OLIVE TREE
16.	PERAL	PEAR TREE
17.	PINO	PINE TREE
18.	ROBLE	OAK
19.	SAUCE	WILLOW
20.	VID	VINE

Puzzle 77

01.	AMOR	LOVE
02.	ANILLO	RING
03.	BAILE	NUPTIAL DANCE
04.	BANQUETE	BANQUET
05.	BESO	KISS
06.	CASARSE	TO GET MARRY
07.	CEREMONIA	CEREMONY
08.	CHISTERA	TOP HAT
09.	COMPROMISO	ENGAGEMENT
10.	ESPOSA	WIFE
11.	FLORIDO	FLOWERY
12.	MATRIMONIO	MARRIAGE
13.	MUSICA	MUSIC
14.	NOVIO	GROOM
15.	NUPCIAL	BRIDAL
16.	PADRINO	GODFATHER
17.	PROMETIDA	FIANCEE
18.	REGALOS	PRESENTS
19.	TESTIGO	WITNESS
20.	VESTIDO	DRESS

Puzzle 78

01.	ARMERIA	ARMORY
02.	ATICO	PENTHOUSE
03.	BODEGA	CELLAR
04.	CELDA	CELL
05.	CLASE	CLASSROOM
06.	DESPENSA	PANTRY
07.	DESVAN	LOFT
08.	DORMITORIO	BEDROOM
09.	ESTUDIO	STUDY
10.	GARAJE	GARAGE
11.	GIMNASIO	GYM
12.	LAVANDERIA	LAUNDRY ROOM
13.	PASILLO	HALL
14.	PORCHE	PORCH
15.	SALON	LIVING ROOM
16.	SOTANO	BASEMENT
17.	TALLER	WORKSHOP
18.	TERRAZA	TERRACE
19.	VESTIBULO	LOBBY
20.	VESTIDOR	DRESSING ROOM

Puzzle 79

01.	ALMIRANTE	ADMIRAL
02.	ARTILLERIA	ARTILLERY
03.	BALA	BULLET
04.	BARRACON	BUNKHOUSE
05.	BOMBA	BOMB
06.	BRIGADA	BRIGADE
07.	CAPITAN	CAPTAIN
08.	CASCO	HELMET
09.	COMANDANTE	COMMANDER
10.	CONFLICTO	CONFLICT
11.	DERROTA	DEFEAT
12.	DESTRUCTOR	DESTROYER
13.	DISPARO	SHOT
14.	FORTALEZA	FORTRESS
15.	MUNICION	AMMUNITION
16.	OFENSIVA	OFFENSIVE
17.	PARACAIDAS	PARACHUTE
18.	POLVORA	GUNPOWDER
19.	RECLUTA	RECRUIT
20.	TANQUE	TANK

Puzzle 80

01.	AJO	GARLIC
02.	ALBAHACA	BASIL
03.	ANIS	ANISE
04.	AZAFRAN	SAFFRON
05.	CANELA	CINNAMON
06.	CHILE	CHILI
07.	CILANTRO	CORIANDER
08.	CLAVO	CLOVE
09.	CURCUMA	TURMERIC
10.	ENELDO	DILL
11.	JENGIBRE	GINGER
12.	MENTA	MINT
13.	MOSTAZA	MUSTARD
14.	PEREJIL	PARSLEY
15.	PIMIENTA	PEPPER
16.	ROMERO	ROSEMARY
17.	SAL	SALT
18.	SALVIA	SAGE
19.	TOMILLO	THYME
20.	VAINILLA	VANILLA

Puzzle 81

01.	ABUELO	GRANDFATHER
02.	ADOPTAR	TO ADOPT
03.	AMIGO	FRIEND
04.	CONYUGE	SPOUSE
05.	GEMELOS	TWINS
06.	GENEALOGIA	GENEALOGY
07.	HEREDAR	INHERIT
08.	HERMANO	BROTHER
09.	HIJO	SON
10.	INFANCIA	CHILDHOOD
11.	MADRE	MOTHER
12.	MADRINA	GODMOTHER
13.	MARIDO	HUSBAND
14.	NIETO	GRANDSON
15.	PADRE	FATHER
16.	PARIENTE	RELATIVE
17.	PRIMO	COUSIN
18.	PRIMOGENITO	FIRSTBORN
19.	SOBRINO	NEPHEW
20.	SUEGRO	FATHER IN LAW

Puzzle 82

01.	GALAN	GALLANT
02.	GALLETA	COOKIE
03.	GALOPAR	TO GALLOP
04.	GANCHO	HOOK
05.	GARABATO	DOODLE
06.	GARANTIA	WARRANTY
07.	GATEAR	TO CRAWL
08.	GELATINA	JELLY
09.	GELIDO	ICY
10.	GENETICA	GENETICS
11.	GENOCIDIO	GENOCIDE
12.	GENTE	PEOPLE
13.	GERMINAR	TO GERMINATE
14.	GESTACION	GESTATION
15.	GIRAR	TO TURN
16.	GLADIADOR	GLADIATOR
17.	GOMINOLA	GUMMY
18.	GORDURA	FATNESS
19.	GOZAR	TO ENJOY
20.	GUIRNALDA	WREATH

Puzzle 83

01.	AZUFRE	SULFUR
02.	BALANZA	SCALE
03.	CALCIO	CALCIUM
04.	CARBONO	CARBON
05.	CLORO	CHLORINE
06.	COBALTO	COBALT
07.	COBRE	COPPER
08.	CUENTAGOTAS	DROPPER
09.	ECUACION	EQUATION
10.	EXPERIMENTO	EXPERIMENT
11.	FOSFORO	PHOSPHORUS
12.	HIDROGENO	HYDROGEN
13.	HIERRO	IRON
14.	MERCURIO	MERCURY
15.	MICROSCOPIO	MICROSCOPE
16.	ORO	GOLD
17.	OXIGENO	OXYGEN
18.	PLATA	SILVER
19.	PROBETA	TEST TUBE
20.	SODIO	SODIUM

Puzzle 84

01.	ANDEN	PLATFORM
02.	CATENARIA	CATENARY
03.	CONEXION	CONNECTION
04.	CONSIGNA	LUGGAGE STORAGE
05.	ESPERA	WAIT
06.	ESTACION	STATION
07.	FERROCARRIL	RAILWAY
08.	HORARIO	SCHEDULE
09.	LLEGADAS	ARRIVALS
10.	LOCOMOTORA	LOCOMOTIVE
11.	MAQUINISTA	MACHINIST
12.	MERCANCIA	COMMODITY
13.	PUNTUAL	PUNCTUAL
14.	REVISOR	TICKET COLLECTOR
15.	SALIDAS	DEPARTURES
16.	SILBATO	WHISTLE
17.	TRANVIA	TRAM
18.	TRAVIESA	SLEEPER
19.	VAGON	WAGON
20.	VIA	RAILROAD

01.	AMAPOLA	POPPY
02.	CAMELIA	CAMELLIA
03.	CAMPANILLA	BELLFLOWER
04.	CLAVEL	CARNATION
05.	CRISANTEMO	CHRYSANTHEMUM
06.	DALIA	DAHLIA
07.	GERANIO	GERANIUM
08.	GIRASOL	SUNFLOWER
09.	GLADIOLO	GLADIOLUS
10.	HORTENSIA	HYDRANGEA
11.	JACINTO	HYACINTH
12.	JAZMIN	JASMINE
13.	LILA	LILAC
14.	LIRIO	LILY
15.	MANZANILLA	CHAMOMILE
16.	MARGARITA	DAISY
17.	NARCISO	DAFFODIL
18.	ORQUIDEA	ORCHID
19.	TREBOL	CLOVER
20.	TULIPAN	TULIP

SOLUTIONS

CHECK THE SOLUTIONS TO THE PUZZLES HERE

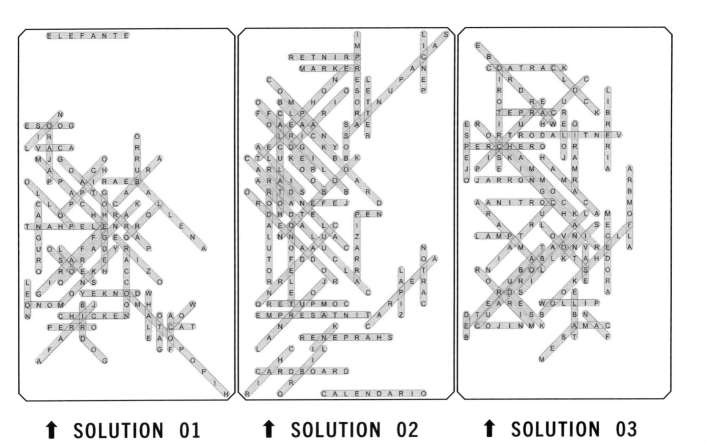

↑ SOLUTION 01

↑ SOLUTION 02

↑ SOLUTION 03

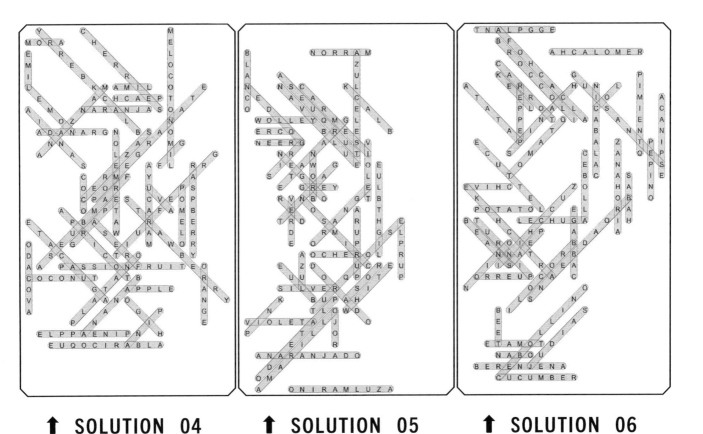

↑ SOLUTION 04

↑ SOLUTION 05

↑ SOLUTION 06

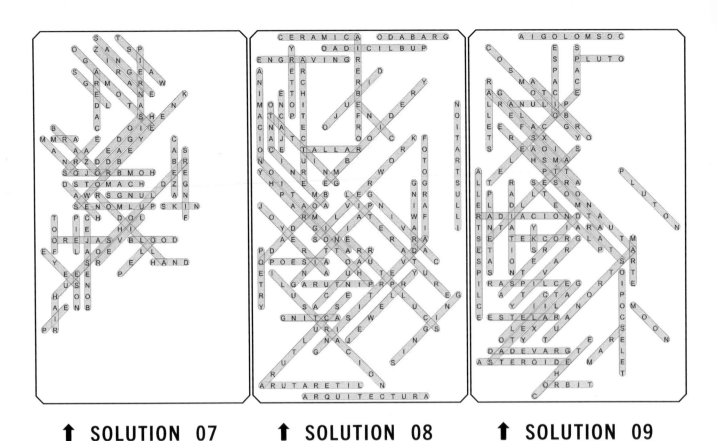

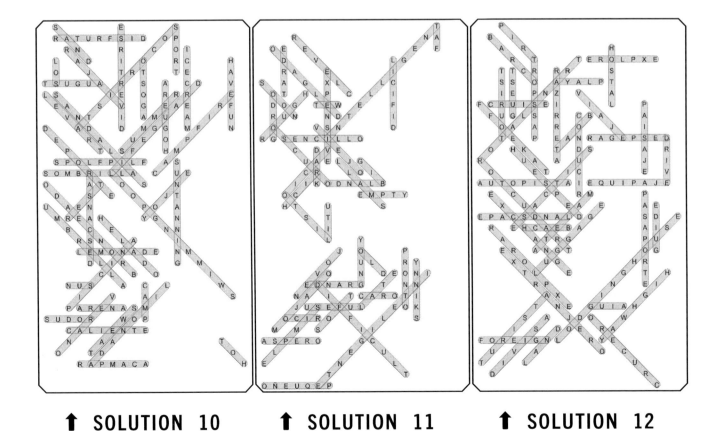

↑ SOLUTION 07

↑ SOLUTION 08

↑ SOLUTION 09

↑ SOLUTION 10

↑ SOLUTION 11

↑ SOLUTION 12

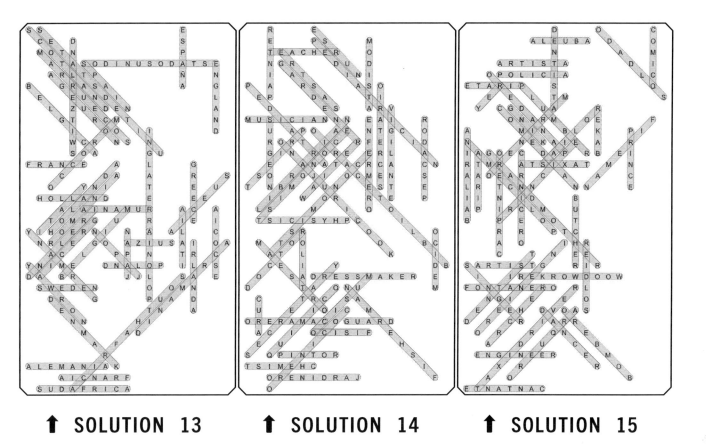

↑ SOLUTION 13　　**↑ SOLUTION 14**　　**↑ SOLUTION 15**

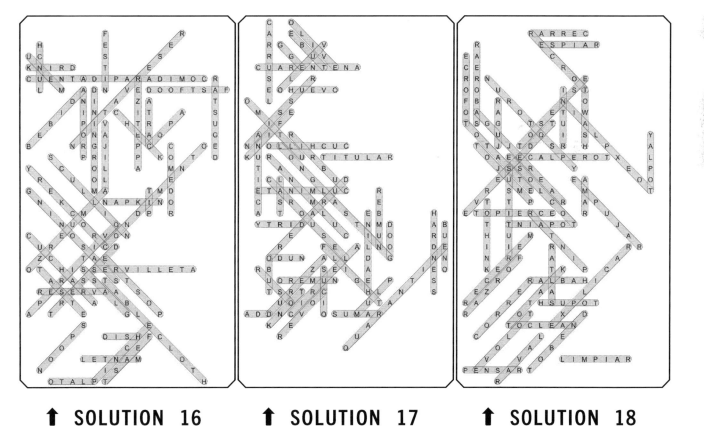

↑ SOLUTION 16　　**↑ SOLUTION 17**　　**↑ SOLUTION 18**

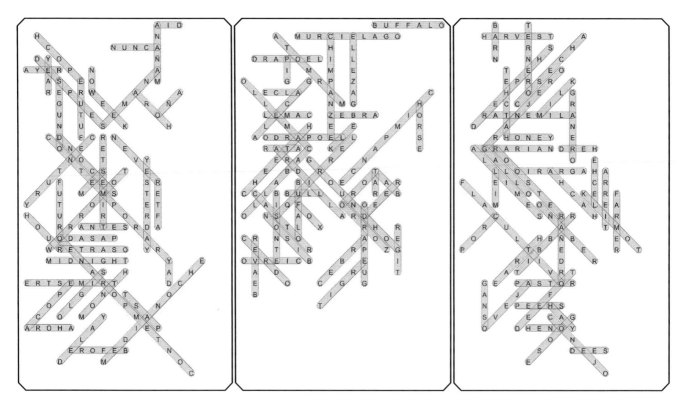

↑ SOLUTION 19   ↑ SOLUTION 20   ↑ SOLUTION 21

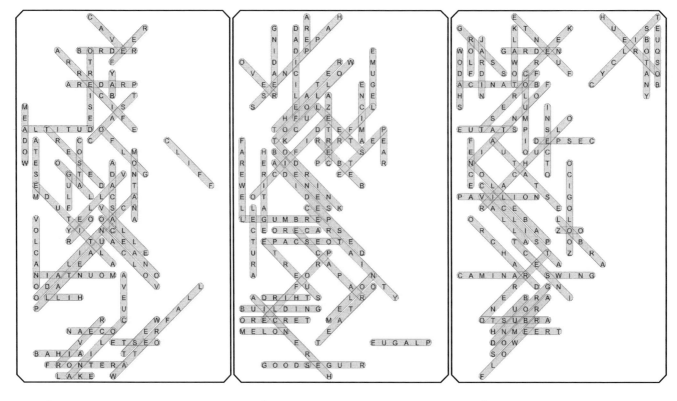

↑ SOLUTION 22   ↑ SOLUTION 23   ↑ SOLUTION 24

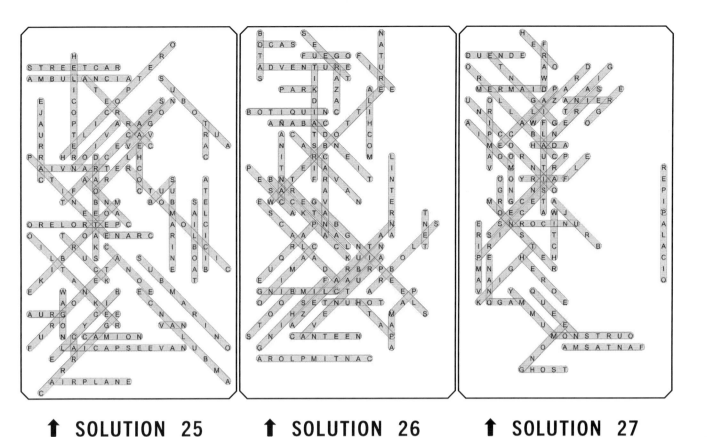

↑ SOLUTION 25 ↑ SOLUTION 26 ↑ SOLUTION 27

↑ SOLUTION 28 ↑ SOLUTION 29 ↑ SOLUTION 30

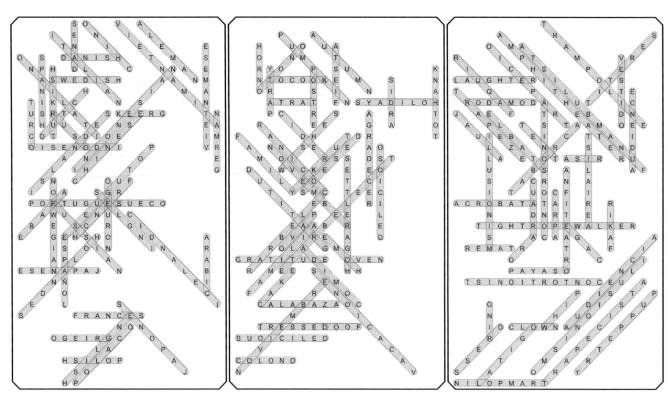

↑ SOLUTION 31 **↑ SOLUTION 32** **↑ SOLUTION 33**

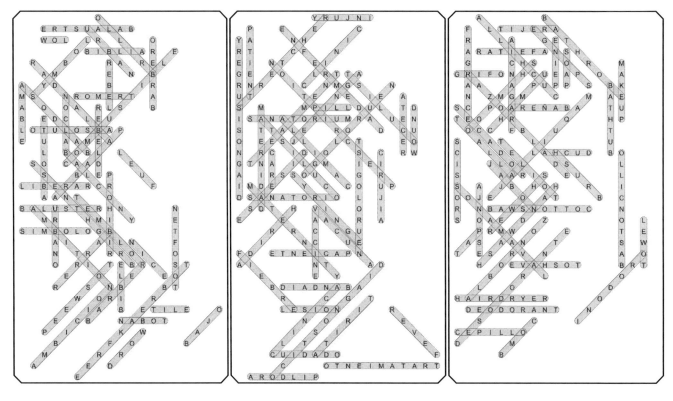

↑ SOLUTION 34 **↑ SOLUTION 35** **↑ SOLUTION 36**

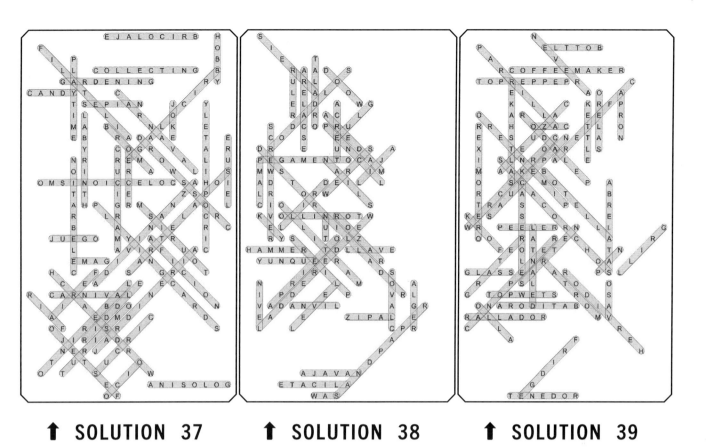

↑ SOLUTION 37

↑ SOLUTION 38

↑ SOLUTION 39

↑ SOLUTION 40

↑ SOLUTION 41

↑ SOLUTION 42

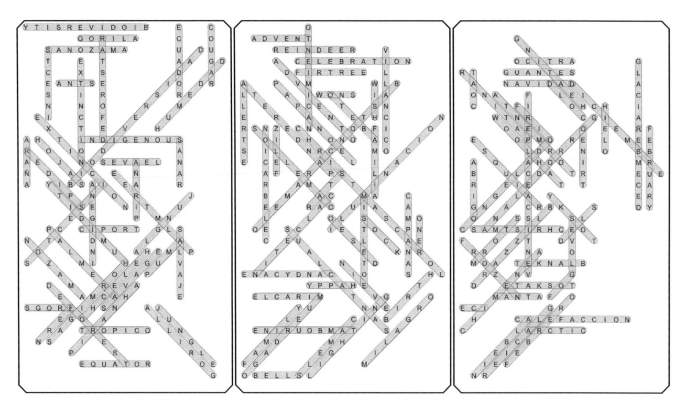

↑ SOLUTION 43　　**↑ SOLUTION 44**　　**↑ SOLUTION 45**

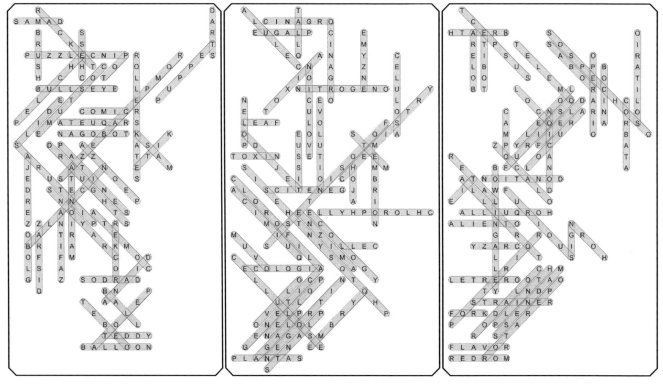

↑ SOLUTION 46　　**↑ SOLUTION 47**　　**↑ SOLUTION 48**

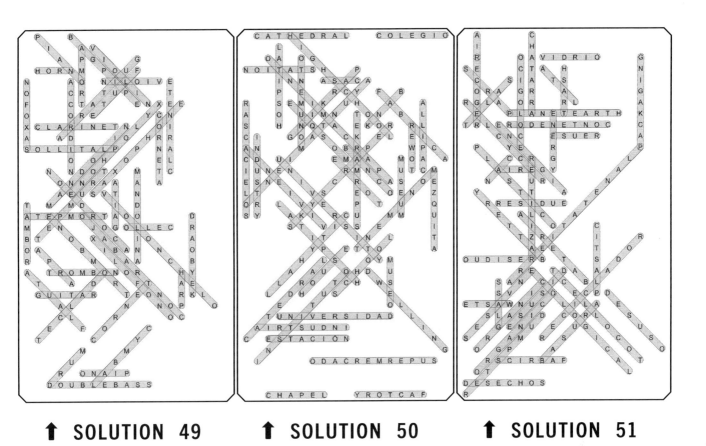

↑ SOLUTION 49

↑ SOLUTION 50

↑ SOLUTION 51

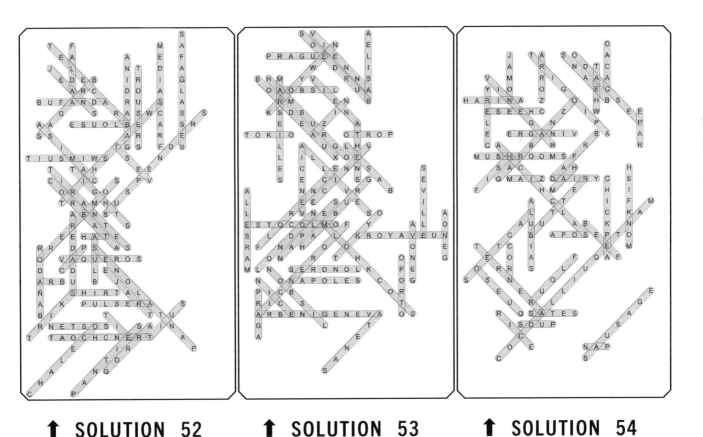

↑ SOLUTION 52

↑ SOLUTION 53

↑ SOLUTION 54

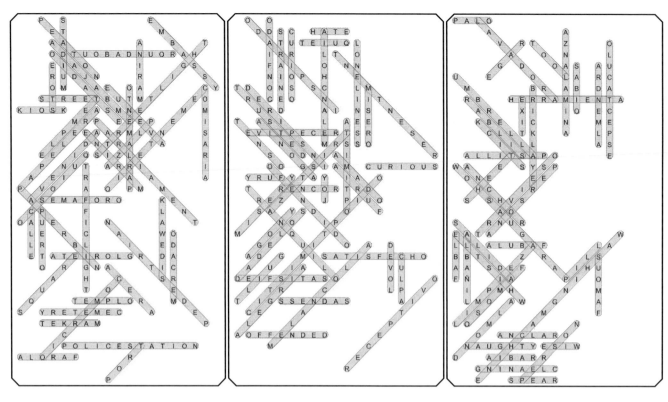

↑ SOLUTION 55   ↑ SOLUTION 56   ↑ SOLUTION 57

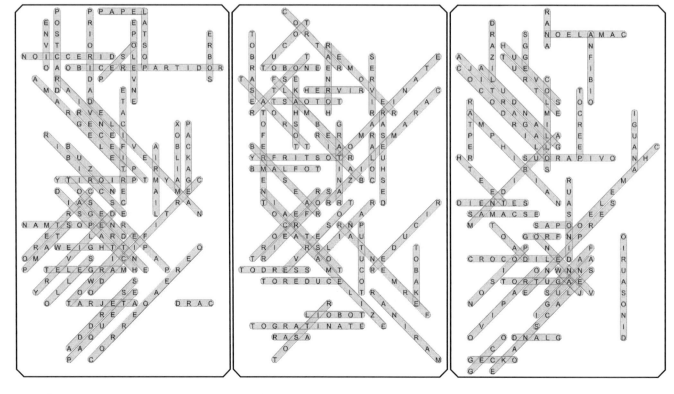

↑ SOLUTION 58   ↑ SOLUTION 59   ↑ SOLUTION 60

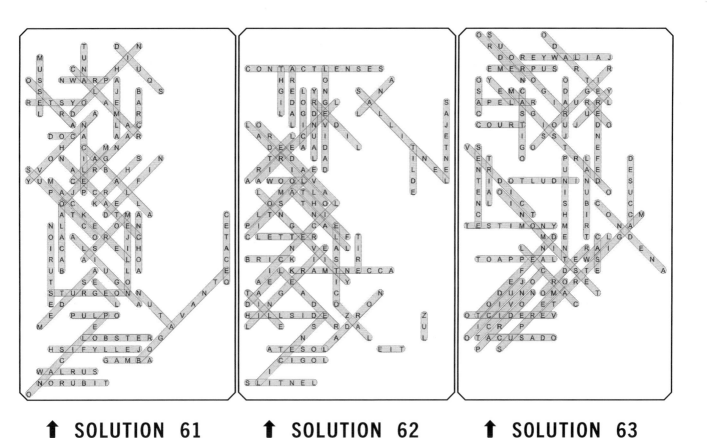

↑ SOLUTION 61

↑ SOLUTION 62

↑ SOLUTION 63

↑ SOLUTION 64

↑ SOLUTION 65

↑ SOLUTION 66

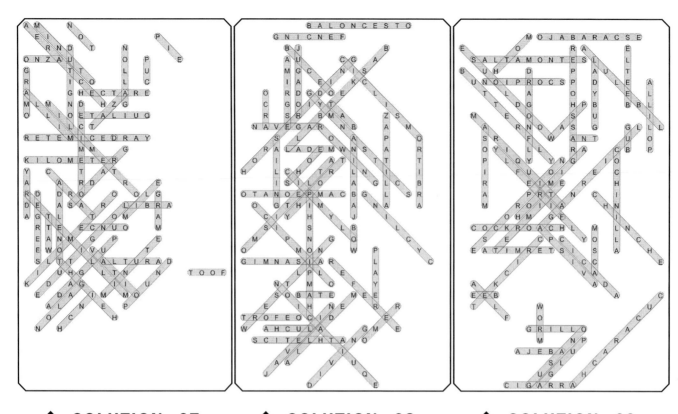

↑ SOLUTION 67 ↑ SOLUTION 68 ↑ SOLUTION 69

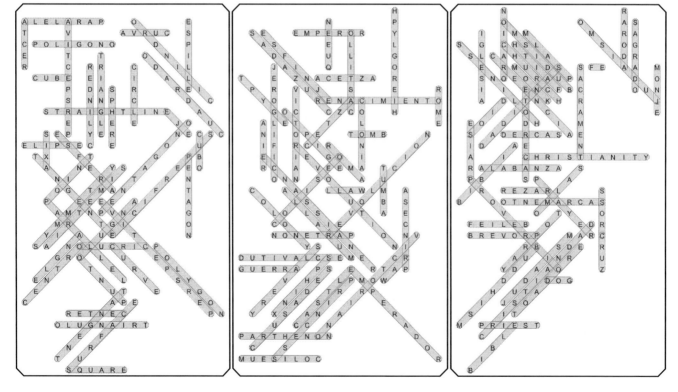

↑ SOLUTION 70 ↑ SOLUTION 71 ↑ SOLUTION 72

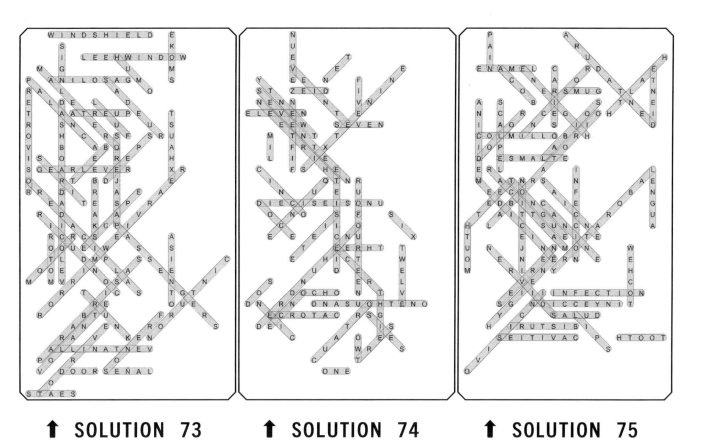

↑ SOLUTION 73　　**↑ SOLUTION 74**　　**↑ SOLUTION 75**

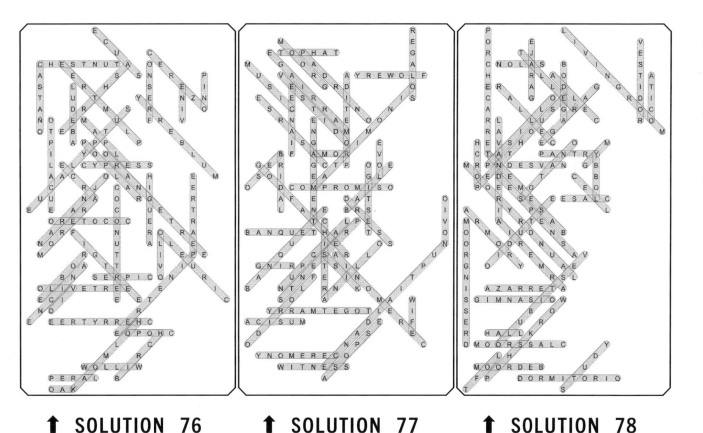

↑ SOLUTION 76　　**↑ SOLUTION 77**　　**↑ SOLUTION 78**

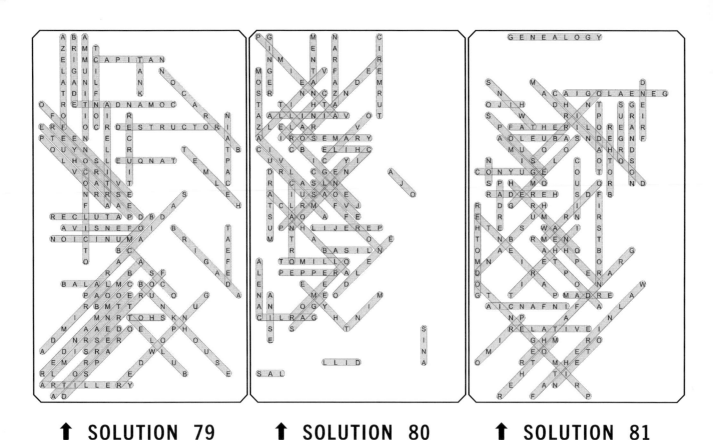

↑ SOLUTION 79

↑ SOLUTION 80

↑ SOLUTION 81

↑ SOLUTION 82

↑ SOLUTION 83

↑ SOLUTION 84

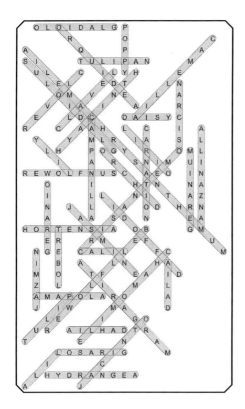

↑ SOLUTION 85

¡ENHORABUENA!

CONGRATULATIONS ON FINISHING THIS BOOK.
I HOPE YOU HAVE LEARNED A LOT OF SPANISH WORDS.

A SECOND VOLUME WITH ADVANCED VOCABULARY IS COMING SOON...

THANKS A LOT FOR YOUR SUPPORT.

SOFIA JAMES DE LA VEGA

WWW.SPANISHWORDSEARCH.COM

Printed in Great Britain
by Amazon